LA FAVSSE APPARENCE.

COMEDIE.

A PARIS,
Chez GVILLAVME DE LVYNE, Libraire-
Juré, au Palais, dans la Salle des Merciers,
à la Iustice.

────────────────

M. DC. LXIII.
Auec Priuilege du Roy.

ACTEVRS.

D. CARLOS DE ROXAS, Caualier Caftillan, Amant de Leonore.

LEONORE, Fille de D. Pedre, Maiftreffe de D. Carlos.

D. PEDRE DE LARA, Gentil-homme Caftillan, Pere de Leonore.

D. SANCHE DE LVSSAN, Amant de Flore.

FLORE, Maiftreffe de D. Sanche, Sœur de D. Loüis.

D. LOVIS DE ROXAS, Caualier de Valence, Frere de Flore, & Coufin de D. Carlos.

FABRICE, Valet de D. Carlos.

GARDILLE, Valet de D. Sanche.

MARINE, Seruante de Flore.

La Scene eft à Valence, dans la Maifon de D. Carlos.

LA FAVSSE APPARENCE

Extraict du Priuilege du Roy.

PAR Grace & Priuilege du Roy, donné à Paris, le 10. Iuin 1662. Signé par le Roy en son Conseil GVITONNEAV : Il est permis à GVILLAVME DE LVYNE, Libraire-Iuré de cette Ville de Paris, de faire imprimer deux Pieces de Theatre, intitulées *La Fausse Apparence, & l'Illustre Corsaire*; Composées par le Sieur SCARON, Et ce durant le temps de sept années; & deffences sont faites à tous autres d'imprimer, vendre, ny debiter lesdites Pieces, d'autres impressions que de celles dudit DE LVYNE, à peine de trois mille liures d'amande, & de tous despens, dommages, & interests, comme il est plus au long porté par lesdites Lettres.

Acheué d'imprimer pour la premiere fois, le 23. d'Octobre 1662.

Les Exemplaires ont esté fournis.

Registré sur le Liure de la Communauté le 16. Iuin 1662.

Signé DVBRAY, Syndic.

ã ij

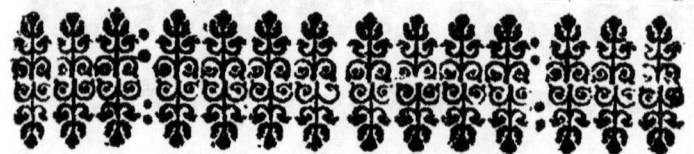

LA FAVSSE APPARENCE.

COMEDIE.

ACTE PREMIER.

SCENE PREMIERE.
DOM CARLOS, FABRICE, LEONORE.

DOM CARLOS.

Erray-je Dom Loüis?

FABRICE.

Il vient dans vn moment.

D. CARLOS.

Et Leonore?

FABRICE.

Elle est dans son appartement.

A

LA FAUSSE

D. CARLOS

Sans obligation je m'engage moy mesme
A ne la laisser point dans vn peril extréme.
Ie la veux proteger, puis que ie l'ay promis,
Quand je verrois sur moy fondre mille ennemis;
Hà! que ne puis-je encore auoir pour l'infidelle,
Les tendres sentimens qu'autrefois i'eus pour elle?
Mais puis-je auec honneur encor m'assujettir
A ses indignes fers dont i'ay voulu sortir?
Il la faut éueiller, afin qu'elle conuienne
Des moyens d'asseurer sa fortune & la mienne.
Mon Cousin Dom Loüis, qui va venir icy
Pourra nous conseiller & nous seruir aussi.

LEONORE.

Ie ne dors point Carlos, le sommeil est sans char-
mes,
A des yeux qui sans cesse ont à verser des larmes,
Et ta fiere rigueur me cause trop d'ennuis,
Pour auoir du repos ny les iours ny les nuits.

D. CARLOS.

Cherchez de vos ennuis en vous mesme la cause;
Mais ie venois icy vous parler d'autre chose,
Sçachez donc....

LEONORE.

Non, Carlos, je ne veux rien sçauoir;
Pour me faire obeïr tu n'as rien qu'à vouloir.

D. CARLOS.

Si cette complaisance, autant qu'elle est forcée,
Partoit d'vne amour vraye, & non interessée,
Que ne ferois-je point pour vn si grand bon-heur?

LEONORE.

Que ne ferois-je point pour te tirer d'erreur?
Mais quand d'vn faux soupçon l'ame est préoc-
cupée,

APPARENCE.

Si loin de trauailler à se voir détrompée,
Elle fuit son remede, en vain la verité
Tasche à luy redonner sa premiere clarté.

D. CARLOS.

Sur la foy de ses yeux on ne se trompe guere,
Et ce qu'ont veu les miens n'est pas imaginaire;
Mais tous ces vains discours ne sont pas de saison,
Quand i'aurois plus de tort que ie n'ay de raison.
Vostre Pere nous suit : peut-estre qu'à cette-heure,
Il sçait où vous & moy faisons nostre demeure.
Vous sçauez son dessein, & que ie ne dois pas
Contre vn tel ennemy me seruir de mon bras,
Et soit que l'on se cache, ou qu'on prenne la fuite,
Que vostre seureté veut beaucoup de conduite.
Quoy qu'apres tout l'espoir que vous m'auiez per-
  mis,
Apres l'amour constant que vous m'auiez promis,
Vous ayez fait seruir au dessein de ma perte
Vne feinte tendresse à la fin découuerte ;
Quoy qu'vn si lasche tour ait banny pour jamais,
De mon Esprit credule & la ioye & la paix,
M'ait tiré de vos fers, & dispensé mon ame
De conseruer encor pour vous la moindre flâme,
Par la seule pitié que me fait vostre sort,
Ie me veux exposer pour vous iusqu'à la mort.

LEONORE.

Cette compassion Dom Carlos est tardiue ;
Si tu ne m'aimes plus, qu'importe que ie vlue ?
Mais Carlos si ton cœur si dur à l'amitié,
Est comme tu le dis sensible à la pitié,
Ou capable du moins d'vn peu de complaisance
Puis que depuis Madrid ie garde le silence,
Et que quand ie te parle au lieu de m'écouter,
Ta colere te porte à me vouloir quitter:

A ij

LA FAVSSE

Puis-que mon sort cruel qui te rend si barbare
Pour la derniere fois peut-estre nous separe,
Daigne prester l'oreille à mes derniers discours,
Quand tu n'en croirois rien côme tu fais toûjours,
Quand ta haine seroit encore plus mortelle,
Quand autant que tu dis ie serois infidelle,
Peus-tu n'accepter pas cette condition?

D. CARLOS.

Hé bien! ie vous écoute auec attention.

LEONORE.

Tu m'aimas, Dom Carlos, qu'ay-je dit insensée?
Mon indiscrette langue a trahy ma pensée,
Et i'ay mal commencé par vne fausseté,
Vn discours qui sera la mesme verité ;
Tu feignis donc d'aimer, & je crus estre aymée,
Ie crus que ie regnois dans ton ame charmée;
Mais tu ne fus iamais d'amour bien enflâmé,
Qui peut cesser d'aimer n'a iamais bien aimé.
Tu sçais bien si mon cœur fut facile à surprendre,
Combien il combattit deuant que de se rendre,
Et de quelle rigueur ie traittay les valets.
Qui s'oserent charger de tes premiers poulets.
Enfin à m'attaquer telle fut ta constance;
Si foible fut la mienne à faire resistance,
Que tu vis tes desirs sur les miens absolus;
Tu me persuadas tout ce que tu voulus ;
Tes lettres que i'auois constamment refusées,
Tandis qu'à mon deuoir ie les crus opposées;
Tes vers, & tes chansons, & tout ce qu'vn Amant
Employe à faire croire vn amoureux tourment,
Me donnerent du tien des marques si pressantes,
Ton merite y joignit des forces si puissantes,
Qu'apres mille sermens, les gages de ta foy,
Ia te donnay la mienne, & te receus chez moy.

APPARENCE.

Ie veux bien l'auoüer, j'eus repugnance à faire,
Vne pareille auance à mon deuoir contraire ;
Mais craignant les regards des voisins curieux,
Des actions d'autruy iuges malicieux,
Qui te voyoient souuent passer sous ma fenestre,
Et m'obseruoient alors qu'ils m'y voyoient paresstre
Dans vn appartement où personne n'entroit,
D'où l'on venoit au mien par vn passage estroit,
Ie receus en secret ta premiere visite,
Et ie ne fus iamais à tel point interdite.
Et l'aise de te voir, & la peur que i'auois
Suspendirent long-temps l'vsage de ma voix :
Nos ames par nos yeux se parloient l'vne à l'autre,
Mais quel bon-heur iamais dura moins que le nostre ?
I'oüis ouurir ma chambre, & i'y courus soudain.
Tu crûs que ie fuyois peut-estre par dédain,
Ou que le repentir qui suit vne imprudence,
M'obligeoit, quoy que tard, à fuïr ta presence.
Tu voulus m'arrester ; tu courus aprés moy,
Et lors vn Caualier, qui parut hors de soy,
Et qui de son manteau se couuroit le visage,
S'offrant à tes regards, te donna de l'ombrage ;
Mais le temps t'apprendra.

FABRICE.
Monsieur, vostre Cousin
Vous vient voir.

LEONORE.
Il est donc encore en mon destin,
Qu'il vienne quand ie veux prouuer mon innocence.

FABRICE.
Le voicy.

A iij

LA FAVSSE
D. CARLOS.
Cachez vous Madame en diligence,
Escoutez de la porte, aussi bien vous serez
Le sujet des discours que vous écouterez.

SCENE II.

D. CARLOS, D. LOVIS.

D. LOVIS.

Ie vous viens quereller.

D. CARLOS.

Et pourquoy? ie vous prie.

D. LOVIS.

Pour vous estre logé dans cette hostellerie.
Et vous ne pouuiez pas me faire vn plus grand
  tort,
Qu'en ne descendant pas en ma maison d'abord.

D. CARLOS.

Arriué cette nuit?

D. LOVIS.

Iour & nuit à toute heure,
Vous auez dû chez moy choisir vostre demeure;
Qui vous mene à Valence?

D. CARLOS.

O mon cher, Dom Loüis,
Comme par tout ailleurs, des mal-heurs inoüis,
Quelque part où le sort me trāsporte, ou m'arreste

APPARENCE.
Ie m'y trouure bientoſt battu d'vne tempeſte,
Et comme par deſſein, cet implacable ſort
Me ſuſcite touſiours l'orage aupres du port.
D. LOVIS.
Si tout ce que ie puis, & ce que ie poſſede,
Peut ſoulager vos maux, ou leur donner remede,
Ie vous offre mon bras, mon credit & mon bien.
D. CARLOS.
En l'eſtat ou ie ſuis, ie ne refuſe rien.
Cependant apprenez le ſujet de ma peine,
Et le cruel mal-heur, qui dans ces lieux m'ameine.
Eſclaue dans Madrid de mon ambition,
I'eſloignois de mon cœur toute autre paſſion;
Mais quand on a des yeux, peut on garder ſon ame,
De bruſler toſt ou tard d'vne amoureuſe flâme?
I'aimay donc à la Cour vne ieune beauté;
Ie luy dis mon amour, & i'en fus eſcouté,
Et ſans faire le vain, ma fortune fut telle,
Qu'elle bruſla pour moy, ſi ie bruſlay pour elle.
Ie n'allongeray point ce recit mal-heureux,
Des ſeruices, des ſoings que rend vn amoureux,
Il ſuffit que ie fis tout ce qu'il faut pour plaire,
Et comme les preſens font à la fin tout faire,
Pour la premiere fois, en ſecret, & la nuit,
Ie fus par ſa ſuiuante en ſa chambre introduit.
Helas dans ce moment elle eſtoit infidelle.
Vn Riual nous ſurprend; i'enrage; ie querelle;
I'attaque; on ſe deffend; ie bleſſe, & ſous mes coups,
Ce Riual accablé ſatisfait mon courroux.
Lors le croyant ſans vie, & la voyant paſmée,
Par le bruit du combat ſa famille allarmée,
Ie crus que le courroux d'vn vieil Pere irrité,

A iiij

A cause de ses ans deuoit estre éuité,
Et ie crus qu'insulter à cette mal-heureuse,
N'estoit pas l'action d'vne ame genereuse,
Preparant donc la mienne à tout euenement,
Et mettant mon espoir en mon bras seulement,
I'estois prest de sortir, sans croire mon courage,
Qui n'auoit pas encore assez soulé sa rage,
Quand l'ingrate beauté reprenant ses esprits,
Faisant parler pour elle, & ses pleurs, & ses cris,
Me pria, m'embrassant, quoy que ie pusse faire
De ne la laisser pas au pouuoir de son Pere.
I'auois pour elle alors auec iuste raison
Toute l'horreur qu'on a pour vne trahison,
Et i'auois en besoin de toute ma prudence,
Pour ne m'emporter pas à quelque violence :
Mais peut-on s'empescher, quand on est genereux,
D'aider vn ennemy que l'on voit mal heureux ?
Ie respandray mon sang, pour vous sauuer la vie,
Beauté trop tard conuuë, & trop long-téps seruie,
Et si ie meurs pour vous, luy dis-je, ie permets
A vostre esprit ingrat, de n'y songer iamais.
Elle ne respondit qu'en répandant des larmes,
Et mesme en sa douleur cõserua tous ses charmes.
Nous sortismes sans peine, & sans autre danger
Que la crainte que i'eus, qu'on ne nous vinst
　charger.
Le mal que m'auoit fait cette fille infidelle,
Ne pouuoit m'épescher de tout craindre pour elle.
Vn amy nous receut chez vn Ambassadeur.
On saisit tout mon bien, on m'osta tout l'honneur,
Mon Riual fut trouué percé de trois blessures,
Dont on tira d'abord de tristes conjectures ;
Mais sa ieune vigueur l'aura fait reuenir.
Ie n'ay pas de son nom gardé le souuenir.

APPARENCE.
Il poursuiuoit en Cour vne importante affaire;
Mais cette circonstance icy n'importe guere.
D. LOVIS.
L'auenture est estrange.
D. CARLOS.
Escoutez ce qui suit,
Vous voyez par l'estat ou le sort ma reduit,
Qu'il faut absolument que ie quitte l'Espagne,
La Iustice me suit; le Pere est en campagne.
Ie ne doy plus l'aimer, & ne doy pas aussi
La laisser sans secours, l'ayant conduite icy,
Il ne faut pas aussi qu'on me trouue auec elle,
Vn Conuent seruiroit d'azile à cette belle:
Mais du bien que i'auois, il ne m'est rien resté
Que le mal-heureux fer que ie porte au costé.
D. LOVIS.
Ie vous offre ma bourse.
D. CARLOS.
Ha! ie ne veux pas prendre,
Ce que ie ne suis pas en estat de vous rendre.
D. LOVIS.
Mais chez moy mon Cousin qui la viendra chercher?
D. CARLOS.
Mais belle comme elle est, s'y peut-elle cacher?
Pour qui passeroit-elle?
D. LOVIS.
Ou bien pour ma parente,
Ou ma sœur la tiendroit au lieu d'vne suiuante,
Rien n'est plus apropos que ce déguisement.
D. CARLOS.
Luy puis-je proposer vn tel abbaissement?
LEONORE *sortant de sa chambre.*
Tu le peus Dom Carlos, tout est facile à faire

A v

LA FAVSSE

A qui met son bon-heur à ne te point déplaire.
Dans les plus bas emplois ie ne rougiray point,
Si ie sers vne Dame à qui le sang te ioint.
Ne considere plus ma fortune passée;
Du soing de mon salut destourne ta pensée.
Songe au tien: cours en Flandre exercer ta valleur,
Et me laisses icy seule auec mon mal-heur.
Et vous en qui le Ciel me suscite vn azile,
Telle qu'il ma dépeinte, il est bien difficile,
Que vous puissiez douter de ce qu'il vous a dit;
Mais tout secours humain me deuienne interdit;
Que le Ciel m'abandone aux affronts, aux iniures,
Et fasse de ma mort vn exemple aux pariures,
Si Carlos, qui receut mes premieres amours,
Ne les possede encor comme il fera tousiours,
Si mon ame enuers luy fut iamais criminelle,
Et fut autre pour luy que sincere & fidelle.

D. CARLOS.
Et cét homme caché dans vostre appartement?

LEONORE.
Ha! Dom Carlos, ce fut sans mon consentement,
Et i'atteste le Ciel qui sçait mon innocence,
Que ie n'eus point de part en sa ieune insolence.
Si ce n'est en auoir que la seuerité,
Que i'opposay tousiours à sa temerité;
Mais pour peu qu'on déplaise, on en est moins croyable.

D. CARLOS.
Vous estes l'innocente, & ie suis le coupable.
On ne peut trop blasmer mon procedé ialoux;
Mais l'honneur ou l'on voit la moindre ombre paresstre
S'il n'est dé-ja taché, n'est pas long-temps sans l'estre,

APPARENCE.
D. LOVIS.
Voſtre beauté Madame eſt vn témoin puiſſant,
Pour me perſuader voſtre amour innocent.
Chez moy ne doutez pas que l'on ne vous reſpecte
Autant qu'on le pourra, ſans vous rendre ſuſpecte.
Ma ſœur eſt ſans ſuiuante, & quand elle en auroit,
Pour vous prendre auec elle, elle s'en déferoit.
I'ay ſongé qu'il faudra que vous portiez vous
  meſme
Vn billet que i'auray d'vne Dame que i'aime.
Ce billet ne ſera que pour dire à ma ſœur,
Que vous eſtes adroite, & fort fille d'honneur.
Qu'elle répond de vous, & qu'en cette occurrence,
Elle pretend luy faire vn preſent d'importance.
Voſtre condition ainſi ſe cache mieux
A l'eſprit des valets touſiours trop curieux.
Ie m'en vay de ce pas la ſupplier d'écrire,
E ce billet écrit ie reuien vous le lire. *Il ſort.*
LEONORE.
Dom Carlos ! Ton eſprit ſera bien-toſt en paix
Puis qu'on va m'éloigner de tes yeux pour iamais;
Mais cruel, ſi le temps qui change toutes choſes,
Change iamais en bien, le mal que tu me cauſes;
Si ie te puis iamais faire voir que la foy.
Que ie t'auois donnée eſt toute encore à toy,
Et que ie n'auois pas ſeulement de l'eſtime,
Pour celuy que tu crois complice de mon crime,
Ne me tiendras-tu pas ce que tu mas promis ?
On tient ce qu'on promet meſme à ſes ennemis.
D. CARLOS
Que mon cœur ne peut-il oublier vne offence ;
Auoir mes yeux ſuſpects; croire voſtre innocence?
Mais ingrate beauté, ne fut-ce pas chez vous,
Que mon bras fit tomber vn Riual ſous ſes coups?

A vj

LA FAVSSE

Hà! ne souhaittons plus de la voir innocente;
Esloignons, esloignons vne fille inconstante.
Helas! en mesme temps ie l'aime & ie la hay,
Qui de ces passions l'emporte ie ne sçay;
Mais ie sçay seulement qu'vne douleur extréme
S'empare de mon cœur, quäd il hait ou qu'il aime,
Et que les mouuemens de ce trouble intestin
Seront les derniers coups de mon cruel destin.

LEONORE.

Hà! si ie n'auois pas encor quelque esperance,
Que le Ciel tost ou tard protege l'innocence;
Tu n'aurois pas long-temps encore à me haïr.

D. CARLOS.

Ma resolution commence à me trahir;
Si i'escoute long-temps cette fille infidelle,
Mon ame malgré moy me parlera pour elle,
Madame, D. Loüis viendra dans vn moment
Vous conduire chez luy.   *Il sort.*

LEONORE.

Que n'est ce au monument?
Helas! depuis qu'Amour a fait des miserables,
En voit-on dont les maux soient aux miens comparables?
I'aime plus que moy mesme vn hõme qui me hait,
Et qui me croit haïr auec iuste sujet.
Il n'est rié de plus faux, quoy qu'il en puisse croire
Que le crime apparent dont il tache ma gloire,
Et de tout ce qui peut me faire ajouter foy;
L'hinhumain s'en défie, ou s'en sert contre moy.
Iuste Ciel! qui touhours protegeas l'innocence,
Et qui seul de la mienne eus tousiours cõnoissance,
Si mes maux sont trop grands pour en pouuoir guerir,
Qu'en peu de têps au moins ils me fassent mourir.

Fin du premier Acte.

ACTE II.

SCENE PREMIERE.

DOM SANCHE, CARDILLE.

CARDILLE.

Oüy, le fier Dom Loüis, & sa bizarrerie,
Vient d'entrer à l'instant dans cette hostellerie:
Mais pourquoy n'osez vous entrer en sa maison?

D. SANCHE.

Il me l'a deffenduë, & me hait sans raison,
Et c'est celle que i'ay de luy cacher la flâme,
Que son aimable sœur allume dans mon ame:
Ie vien donc en secret voir cette aimable sœur.

CARDILLE.

Vous ne pouuiez iamais mieux placer vostre cœur:
Mais l'aimez-vous encore?

D. SANCHE.

   Oüy, Cardille, ie l'aime,
Autant qu'on peut aimer, enfin plus que moy mesme.

CARDILLE.

C'est fort bien fait à vous : & celle de Madrid,
Chez qui certain Rival fantasque vous surprit,
Et vous perça de coups, mais vous perça de sorte,
Que vostre Altesse en fut quinze iours demy
 morte?
La beauté donc pour qui le tres illustre sang
De mon tres cher Patron rougit son linge blanc :
Et pour qui de son cœur Flore se vit chassée,
N'est plus rien dans ce cœur qu'vne idole cassée?
Il luy juroit pourtant ; car il est grand jureur ;
Qu'elle seroit tousiours la Reine de son cœur :
De mesme qu'aujourd'huy le drole fait à Flore ;
Il luy disoit pourtant ; O beauté que i'adore ;
Beauté de qui dépend ma vie & mon trespas,
Et cent autres beaux mots que ie ne redis pas.
Ma foy tiran des cœurs, Monseigneur, & mon
 Maistre
A parler franchement ; vous estes vn grand
 traistre.

D. SANCHE.

Les hommes de mon âge aiment en diuers lieux
Tous les obiets charmans qui s'offrent à leurs
 yeux ;
De ces obiets charmans qui leurs ames captiuent,
Il en est tousiours vn que constamment ils suiuent.
Flore est le seul obiet que i'aime constamment :
Pour l'autre ie l'aimois en passant seulement.

CARDILLE.

Oüy, ce fut en passant, & vous passastes mesme
De Madrid iusqu'icy d'vne vitesse extréme.

D. SANCHE.

Ie sortis vistement de Madrid ayant peur

APPARENCE.
CARDILLE.
D'y rencontrer encor quelque rude frappeur.
Quelque gloire qu'apporte vne belle entreprise
S'y faire assassiner, c'est faire vne sottise;
Et pour moy i'aime mieux n'estre qu'vn homme obscur.
Que de n'auoir plus rien à pretendre au futur.
La sotte ambition d'enflâmer quelques folles,
Qui le seroient assez pour croire en mes parolles,
Ne me mettra iamais en cette extremité,
De perdre tout mon sang, où vous auez esté.

D. SANCHE.
Tu fais aller trop loin ta froide raillerie.
Ne la pousse pas tant, & sur tout ie te prie,
De ne rien dire icy du mal-heur de Madrid,
Ou bien point de quartier.

CARDILLE. *à part.*
I'ay pourtant tout escrit.

D. SANCHE.
Que dis-tu?

CARDILLE.
Ie vous d'y que ie me sçay bien taire
Quand il en est besoin.

D. SANCHE.
Tu ne sçaurois mieux faire.

CARDILLE. *à part.*
Si Flore qui sçait tout, alloit pour mon mal-heur,
Pat malice, ou sottise éuenter son autheur?

D. SANCHE.
Que grondes-tu tout bas?

CARDILLE.
Ie fais vn soliloque

LA FAVSSE

D. SANCHE.

Sçais-tu bien comme on traite vn faquin qui se
moque ?

CARDILLE.

Oüy, Seigneur, mais de grace encor. Si par ha-
zard,
Comme l'on sçait tousiours les choses tost ou
tard,
Flore alloit découurir vostre amour clandestine;
Mais ie ne dis plus rien, voicy venir Marine.

SCENE II.

MARINE, DOM SANCHE, CARDILLE.

MARINE.

Oüy preste à vous seruir, comme elle fut tou-
jours,
Pourueu que vous soyez constant dans vos a-
mours ;
Mais que desirez-vous de vostre humble soûmise?

D. SANCHE.

Des nouuelles de Flore, & par ton entremise
Le moyen de la voir.

MARINE.

Elle sort.   Attendez vn moment.
Ie n'ay rien plus à cœur que seruir vn Amant.

APPARENCE.
CARDILLE.
O quel tison d'enfer!
D. SANCHE.
Ne luy dis rien Cardille;
Tu sçais bien que ie l'aime, & qu'elle est bonne
fille.
CARDILLE.
Elle fille? elle l'est, tout comme ie la suis.
D. SANCHE.
Si tu m'aimes, tay toy.
CARDILLE.
Dittes donc si ie puis.
D. SANCHE.
Tu deuiens bien fascheux Cardille.
CARDILLE.
Il me le semble,
Qui ne le deuiendroit estans tousiours ensemble?
D. SANCHE.
Parleras tu tousiours?
CARDILLE.
Vous sçauez mon deffaut.
Et si ie ne parlois, que ie mourrois bien-tost.
D. SANCHE.
Hé bien chere Marine?
MARINE. *Elle r'entre.*
Il faut attendre encore;
Si vous m'en demandez la raison, ie l'ignore,
Entrez dans cette chambre, & quand ie le pourray
A l'objet de vos vœux, ie vous presenteray,
Ie vous enferme ainsi pour euiter son frere,
Qui d'elle est ialoux, & ne vous aimant guere,
S'il alloit vous trouuer, feroit quelque rumeur.
D. SANCHE *s'enferme.*
Ie remets en tes mains ma vie, & mon honneur.

LA FAVSSE

MARINE *seule*.

Ma Maistresse est pour luy terriblement changée,
A son nom seulement elle a fait l'enragée,
Sans doute elle aura sceu que D. Sanche à la Cour
Pour n'estre pas oisif a fait vn peu l'amour :
Mais la voicy.

FLORE.

Ie viens encore te le dire :
Quand tu vois qu'auiourd'huy, ie pleure & ie soû-
pire,
Tu crois que c'est l'amour qui me tourmente
ainsi.
Non, ce n'est plus l'amour qui cause mon soucy.
Vne autre passion à l'amour opposée
Aussi bien que l'amour à vaincre malaizée,
Me fait haïr D. Sanche, il aimoit à la Cour,
L'ingrat que ie crois si fidelle en amour :
Mais le Ciel ennemy de l'amant infidelle,
A puny dépuis peu sa flâme criminelle.
Vn Riual m'a vengée ; vn Riual l'a blessé :
Ie sçay de bonne part comme tout s'est passé,
Et le traistre viendra me protester encore,
Qu'il n'est nay que pour moy ; qu'il m'aime, qu'il
m'adore.
Il ne m'attrappe plus à ses trompeurs appas.

MARINE.

Et s'il vient pour vous voir ?

FLORE.

Il ne me verra pas.

MARINE.

Madame pourriez vous le punir de la sorte ?

FLORE.

A de plus grands excez ma colere m'emporte.
Ie veux pour m'en venger de mon cœur le bannir,

APPARENCE.

Et n'en reseruer pas le moindre souuenir :
Mais on frappe à la porte.
MARINE.
Et si c'est luy Madame ?
FLORE.
Il n'a que faire icy, s'il est hors de mon ame,
L'ingrat qui vient à moy comme à son pis aller.
MARINE.
Ie le renuoyray donc.
FLORE.
Non, ie luy veux parler :
Tu ne luy tiendrois pas vn langage assez rude.
MARINE s'en va.
Ie ne puis rien comprendre en vostre inquietude.
FLORE.
Dans vn esprit frappé d'vn mal comme le mien,
Vn dessein destruit l'autre, & l'on ne resout rien,
L'amant dissimulé, le méchant, quand vn autre
Luy refuse son cœur, il a recours au nostre,
Est-ce luy ?
MARINE reuient.
Non, Madame.
FLORE.
Et qui donc ?
MARINE.
Beatrix,
Dont depuis si long-temps vostre frere est espris,
Sçachant que depuis peu vous estes sans soubrette,
Vous en renuoye vne autre assez propre & bien
faite.
La fera-t'on entrer ?
FLORE.
Ie n'ay pas le pouuoir
En l'estat où ie suis, mesme de rien vouloir.

LA FAVSSE

Fais comme tu voudras.

MARINE.

Entrez Mademoiselle.

Leonore entre.

FLORE.

Elle a bonne façon, & paroist assez belle.
Qui vous enuoye icy?

SCENE III.

LEONORE, FLORE, MARINE.

LEONORE.

Madame vous sçaurez
Par ce petit billet ce que vous desirez.

FLORE lit la Lettre.

On m'a dit que vous cherchiez vne Suiuante: Ie vous en enuoye vne que i'aurois prise, si ie ne preferois à mon vtilité, & à tout ce que i'ay de plus cher, l'honneur d'estre vostre seruante,

BEATRIX.

Sans doute Beatrix vous a bien choisie.
Estes-vous de Madrid?

APPARENCE.
LEONORE.
Ie suis d'Andalouzie;
Mais i'ay seruy long-temps vne Dame à Madrid
Auec affection quoy qu'auec peu d'esprit.
FLORE.
Vous sçauez bien coëffer?
LEONORE.
On me le persuade :
Pour l'embelissement, il n'est point de pommade,
Il n'est point de secret qu'on me puisse monstrer,
Ie sçay coudre & blanchir à me faire admirer,
Enfin, si i'ay l'honneur d'estre vostre seruante,
Vous verrez si ie sçay les choses que ie vante.
FLORE.
Quels gages gagnez-vous?
LEONORE.
Ie suis sans interest,
Vous les pouuez regler à si peu qu'il vous plaist;
L'honneur de vous seruir m'est trop de recōpense.
FLORE.
Ie vous dois sçauoir gré de cette confinace,
Ie vous prens & croyez, demeurant auec moy;
Que vous ne perdrez pas vostre temps.
LEONORE.
Ie le croy.
FLORE.
Comment auez vous nom?
LEONORE.
On m'appelle Isabelle.
FLORE.
Ie vous trouue vn deffaut, mais c'est d'estre trop belle.
LEONORE.
Quand bien ie la serois, quelque fois la beauté,
Est vn bien dangereux, ou sans vtilité.

LA FAVSSE FLORE.

Ie puis iuger encor par cette repartie,
Que voſtre eſprit bien fait a de la modeſtie.

SCENE IV.

DOM LOVIS, FLORE, MARINE.

D. LOVIS.

IE viens vous faire part du plaiſir que ie ſens.
Ce Couſin que i'aimay dés mes plus jeunes ans,
Dom Carlos de Roxas arriué de Caſtille
Eſt noſtre hoſte aujourd'huy, d'où vous vient cette fille?

FLORE.

Beatrix me l'enuoye, & i'ay crû la prenant
Vous auoir fait plaiſir.

D. LOVIS.

Oüy ma ſœur, & tres grand;
L'aimant comme ie fais, l'obliger c'eſt me plaire,
De grace efforcez-vous de faire bonne chere,
A l'aimable parent qui nous eſt venu voir:

FLORE.

Ie m'en vay donner ordre à le bien receuoir.

D LOVIS s'en va.

Et moy vous l'amener.

FLORE.

De colere embraſée,

APPARENCE.

A le bien diuertir, ie suis mal disposée,
Qu'il vient à contre-temps!

MARINE. *Entre.*
Madame vn mot tout bas,

FLORE.
Quoy?

MARINE.
Dom Sanche est icy.

FLORE.
Ne me l'amene pas.

MARINE.
Si sont-ils des tantost le valet, & le Maistre
Dans la chambre voisine.

FLORE.
Et que dit-il le traistre?

MARINE.
Il ne sçait rien encor.

FLORE.
Qu'il sçache tout de toy. *Elle sort.*
Ie ne le veux point voir. Ma fille suiuez moy.

LEONORE. *A part.*
A quelle extrémité me reduit ma disgrace?

MARINE.
La soubrette en sortant a fait vne grimace,
Ie la trouue réueuse, & ie me trompe bien.
Où son cher petit cœur aime si peu que rien,
Mais laissons le brusler, ce n'est pas nostre affaire.
Auec nos deux Amans qu'auons nous donc à faire?
Ie ne sçay, ma Maistresse à l'esprit bien aigry,
Et d'ailleurs son amant m'a le cœur attendry,
Sortez Monsieur, sortez.

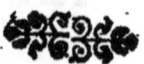

SCENE V.

DOM SANCHE, MARINE.

D. SANCHE.

Est-elle donc visible?

MARINE.

Peut-estre.

D. SANCHE.

Ha! tu me fais vne frayeur terrible.
Parles-tu tout de bon? Mais la voicy venir.

MARIN.

Oüy ma foy, le pauuret n'a qu'à se bien tenir.
Mais ie sçay qu'en amour la plus grande querelle,
Au lieu de diuiser reunit de plus belle.
C'est ietter vn peu d'eau dans vn brasier ardent.

SCENE VI.

APPARENCE.

SCENE VI.
FLORE, DOM SANCHE.

FLORE.

IL me trahit l'ingrat, & me voit l'impudent !
Dom Sanche? où venez-vous? & que pensez-vous faire ?
Et n'auez vous point peur de rencontrer mon frere ?
Vous n'auez pas tousiours vescu si bons amis,
Que vous me deuiez voir, sans qu'il vous l'ait permis.

D. SANCHE.

Vostre frere auroit droit d'y trouuer à redire ;
Mais vous dont la Beauté sans cesse à soy m'attire,
Vous me permettez bien pour vous venir reuoir,
De ne considerer ny respect ny deuoir.
Et vous pouuez iuger par cette impatience,
Des maux que i'ay soufferts dans vne longue absence.

FLORE.

Ie n'attendois pas moins que des galans discours,
De qui vient du païs des galantes amours.

D. SANCHE.

Hà ! Madame ! la Cour le sejour des délices,
Ne m'a paru sans vous qu'vn enfer de supplices;

Ce n'est pas que la Cour n'ait de charmans appas;
Mais ie suis tousiours triste, où ie ne vous voy pas.
Cōbien de fois mes yeux ont ils versé des larmes,
Dans vn temps, où Madrid auoit le plus de char-
mes ?
Combien de fois les bords du clair Mansanarets
Ont-ils esté tesmoins de mes tristes regrets ?
FLORE.
Vous m'attendrissez fort en me faisant entendre
Tout ce qu'en vn Romant on peut lire de tendre.
Quoy, bons Dieux! à la Cour, où tout charme, où
tout rit,
La tristesse a tousiours regné sur vostre esprit!
Voit-on d'vn autre amant vne plus belle vie?
Vostre fidelité me donne de l'enuie:
Si ie pousse la mienne aussi loing, ie pourray
La voir comme la vostre au supréme degré.
D. SANCHE.
Ce langage mocqueur est vn peu fort, Madame.
FLORE.
C'est l'effect de la ioye où s'emporte mon ame,
De vous reuoir viuant, & vous auoir crû mort.
D. SANCHE.
Estre absent, ou mourir, ne different pas fort.
FLORE.
On ne vous crût pas mort des rigueurs d'vne ab-
sence :
Mais d'vn cœur sans pitié: c'est le bruit de Va-
lence :
Qu'elle apparence aussi de viure sans amour,
Entre tant de beautez qui brillent à la Cour ?
D. SANCHE.
Pour vn autre que vous, moy soûpirer Madame?
Hà! vous connoissez mal les secrets de mon ame.

APPARENCE.
FLORE.
Ie les ay mal connus, mais ie les connois mieux,
Depuis que vous auez abandonné ces lieux.
D. SANCHE.
Sur quelque faux rapport, vous en iugez peut-eſtre.
FLORE.
Hé bien! i'auoüeray donc de ne le pas connoiſtre.
D. SANCHE.
Hà! cette indifference eſt vn ſigne apparent.
FLORE.
Que vous ne m'eſtes plus qu'vn homme indiffe-
rent.
Et que fauſſant la foy que l'on m'auoit promiſe,
On pert de mon amour l'eſperance permiſe.
D. SANCHE.
Ie ne vous puis nier qu'vn funeſte accident.
FLORE.
Voulez-vous déguiſer vn menſonge-éuident?
Songez que voſtre front qui rougit & ſe trouble,
Me parle malgré vous contre voſtre ame double.
D. SANCHE.
Que ne pourroit troubler vn ſort ſi mal-heureux?
Ma partie eſt mon Iuge, & Iuge rigoureux.
FLORE.
Ie ne veux point ces noms de Iuge, & de Partie,
Ie veux abſolument que D. Sanche m'oublie;
Ie luy permets auſſi s'il veut de me haïr.
D. SANCHE.
Il mourra bien pluſtoſt que de vous obeïr.
FLORE.
Qu'il viue donc heureux pour cette belle fille,
Qui le pût retenir ſi long-temps en Caſtille.
D. SANCHE.
Ie la vis, il eſt vray; mais ce fut ſans amour.

B ij

FLORE.

Oubliez vous dé-ja cét Aftre de la Cour?
Me voyant l'auez-vous de voftre ame effacée,
Ainfi qu'en la voyant, vous m'en auez chaffée?
Voftre fang qu'vn Riual répandit à fes yeux,
Dans fon cher fouuenir vous conferuera mieux,
Allez Dom Sanche, allez retrouuer cette belle,
Elle eft digne de vous; vous eftes digne d'elle;
Ses charmes vous ont fait reuolter contre moy;
Les voftres l'ont portée à rompre auffi fa foy.
Le Ciel qui vous a fait fans doute l'vn pour l'autre,
Deuoit bien à fon cœur, vn cœur comme le voftre.
Mais ne luy parlons plus par des déguifemens,
Découurons à l'ingrat mes iuftes fentimens.
Dom Sanche! ie vous hay d'vne haine mortelle,
Comme vn amant ingrat, vn lafche, vn infidelle.
Vn homme dans Madrid pour venger fon amour,
Vous a quafi reduit à voftre dernier iour.
Vne femme peut bien vous faire dans Valence,
Courre vn mefme peril pour vne mefme offence.

D. SANCHE.

Si vous vouliez m'ouyr....

FLORE.

Ne me parlez iamais.
Retournez à Madrid, & me laiffez en paix.

SCENE VII.

MARINE, FLORE, D. SANCHE, CARDILLE.

MARINE.

Tout est perdu.

FLORE.

Quoy donc?

MARINE.

L'on frappe, & ie soupçonne,
Que c'est pour nos pechez vostre frere en personne.

FLORE.

Quel accident Marine!

MARINE.

Où les cachera-t'on?

FLORE.

Que sçay-je? où tu voudras; songe,

MARINE.

Dans le balcon.

LA FAVSSE

Et si l'on veut l'ouurir, la clef sera perduë;
En tout cas, ils n'auront qu'à sauter dans la ruë.

FLORE.

On refrappe, haste-toy de cacher cét ingrat.

MARINE.

Il paroist tout contrit.　　　　　　　*Ils s'en vont.*

FLORE.

　　　　　　　　　　Ce n'est qu'vn scelerat.
O qu'il est mal-aisé de garder sa colere,
Quand celuy qui la cause, a le secret de plaire,
Et que le souuenir d'vne offence d'amour
Dure trop dans vn cœur, s'il dure plus d'vn iour.
A peine ay-je fait craindre vne eternélle absence
A cét ingrat amant que i'aime, & qui m'offence,
Que i'ay peur de le perdre, & mon cœur impuissãt
Qui le hait criminel, le souhaitte innocent;
Amour trop violent! trop seuere conduite!
De vos conseils diuers quelle sera la suitte?
Chasseray-je vn ingrat qui vient de me trahir?
Sçaura-t'il que mon cœur ne le sçauroit haïr?
Qui peut s'imaginer le trouble de mon ame?

APPARENCE.

SCENE VIII.
MARINE, FLORE.

MARINE.

Moy.

FLORE.

Tu m'escoutois donc ?

MARINE.

Vous l'auez dit, Madame :
Mais c'est pour vous oster du trouble où ie vous voy,
Pourueu que vous vouliés vous en remettre à moy.
Il faudra qu'on se fâche, & que l'on me querelle,
Quand ie rameneray vostre Esclaue infidelle,
Et ie feray par là d'vne pierre trois coups :
Ie r'accommoderay le coupable auec vous :
Vous ne laisserez pas de bien faire la fiere,
Et de vous conseruer dans vostre humeur altiere.
Dom Sanche me deura son r'accommodement,
Et m'en regallera, s'il a du iugement.

FLORE.

Trauaille à mon repos, & mesnage ma gloire.

MARINE.

L'vn & l'autre est aisé, si vous m'en voulez croire,
A propos, vostre frere au bas de l'escalier,

B iiij

LA FAVSSE

Conteſte pour l'entrée auec ſon Caualier:
Quand ils ſe feront fait de grandes reuerences,
Force ciuilitez, & force déferences,
D. Loüis vous viendera preſenter ſon Couſin,
De qui vous entendrez quelque compliment fin.
Tandis que ce Couſin radoucy de viſage,
Vous rendra ſes reſpects en ſublime langage;
D. Sanche peut ſortir; mais d'vn autre coſté,
Ie me viens d'auiſer d'vne difficulté,
Voſtre frere inquiet autant qu'homme du monde,
Quand il donne à manger ſur ſa grand' table ronde,
Et que ſon ordinaire eſt vn peu rehauſſé,
Va, vient, monte, deſcend, & fait fort l'empreſſé.
Quand il ira cent fois viſiter ſa cuiſine,
S'il alloit rencontrer, & Dom Sanche, & Marine,
Indubitablement, il les roüeroit de coups,
Et ſes coups pourroient bien s'eſtendre juſqu'à vous.
Laiſſons le donc encore auecque ſon Cardille
Contempler à loiſir le balcon, & ſa grille,
Iuſqu'à tant que la nuit de couleur de charbon,
Deïté fauorable à tous gens de Balcon,
Inſpire le ſommeil à tout noſtre Hemiſphere,
Et l'inſpire ſur tout à Monſieur voſtre frere:
Lors i'iray ſeurement les deſ-embalconner.

FLORE.

I'approuue aſſez l'auis que tu viens de donner,
Va les en aduertir, & ne demeure guieres,
Affin de reuenir preparer des lumieres.

Fin du Second Acte.

ACTE III.

SCENE PREMIERE.
DOM LOVIS, DOM CARLOS, FABRICE.

D. LOVIS.

Vous nous quittez si-tost ?

D. CARLOS.

Vous sçauez mes affaires;
Ie ne veux pas manquer l'Escadre des Galleres,
Qui sont à Barcelonne, & qui partent demain.
I'esprouue en mon païs vn sort trop inhumain,
Pour n'aller pas chercher dans vne estrange terre,
Le repos que la mort fait trouuer dans la guerre.
C'est vn bien qui iamais ne manque aux malheureux.

D. LOVIS.
Puis-je vous obliger d'attendre vn iour ou deux ?

D. CARLOS.
Si c'est pour vous seruir, i'attens ma vie entiere.

LA FAVSSE

D. LOVIS.

Ie ne vous ferois pas vne telle priere,
Et ne vous romprois pas vn voyage arresté,
Sans auoir pour excuse vne necessité.

D. CARLOS.

Que la raison en soit, ou bien foible ou bien forte,
Vous seruir me suffit, le reste ne m'importe,
Ie ne pars point Fabrice, il faudra renuoyer
Les Cheuaux arrestez.

FABRICE. Sort.

Et pas moins les payer

D. CARLOS.

Sort.

D. LOVIS.

Vne ieune Sœur n'est pas au soin d'vn Frere,
Vn tranquille trauail, vne charge legere.
La mienne a de l'esprit, est sage, aime l'honneur,
Mais rien n'est si changeant aux filles que l'humeur;
Et quand ses actions feroient médire d'elle,
I'en sçaurois des derniers la fascheuse nouuelle.
Hier quand ie vous eus mis dans vostre appartement,
Afin qu'en mon logis vous fussiez seurement,
Ie vis fermer ma porte, & contre l'ordinaire,
Ie voulus de mes clefs estre dépositaire.
A peine me laissois-ie assoupir au sommeil,
Quand vn bruit surprenant qui causa mon réueil,
Me fit sortir du lit, & courre à la fenestre,
Curieux de sçauoir ce que ce pouuoit estre.
Ie vis de mon Balcon deux hommes descendans,
Et fermer le Balcon par quelqu'vn de dedans.

APPARENCE.

Soit larcin, soit amour, l'vn & l'autre m'oblige,
A craindre vn mal qui croist pour peu qu'on le neglige :
I'en suis en des soupçons que ie n'ose auerer,
Le bruit que i'en ferois peut le mal empirer ;
Ce peut estre aussi-tost ma sœur qu'vne seruante,
Et ie pourrois m'en prendre à la plus innocente.
Vous voyez mon Cousin, quel accident fâcheux,
Me fait auoir besoin d'vn amy genereux :
Ie croy l'auoir en vous qui m'aimez & que i'aime,
Comme vn tres-cher parent, comme vn autre moy-mesme ;
Et qui caché chez-moy, sans qu'on en sçache rien,
Verra de ma famille, & le mal & le bien ;
Y veillera pour moy, tandis que mon absence,
Pour de pareils desseins donne toute licence.
Afin de mieux cacher cét important secret,
De vostre prompt depart, ie feindray du regret,
Et feray vos adieux à vostre Leonore.
Par bon-heur tout mon monde est dans le lit encore,
Et hors vostre valet.

D. CARLOS.
Pour luy ne craignez rien.
Fiez vous-y sur moy.

D. LOVIS.
La feinte ira donc bien.
Caché dans cette chambre, où i'enferme mes liures,
Où seul i'auray le soin de vous porter des viures,
Et dont seul i'ay la clef, vous pourrez aisément
Découurir les autheurs de ce déreglement.
Ie rougis de l'employ qu'il faut que ie vous dône.

LA FAVSSE

D. CARLOS.

Gardez ce compliment pour vne autre personne
Sur qui vous n'auez pas vn absolu pouuoir.
Nous en blasmions l'excés, vous & moy hier au soir;
M'en faire, c'est douter de l'ardeur de mon zele:
Mais Fabrice reuient.

SCENE II.

FABRICE, DOM CARLOS, DOM LOVIS.

FABRICE.

Vous dire vne nouuelle
Qui déplaist à Fabrice, & qui vous déplaira.

D. CARLOS.

Qu'est-il donc arriué?

FABRICE.

Dom Pedre de Lara,
Pere de Leonore, est en bas qui demande
Le Seigneur Dom Loüis.

D. CARLOS.

O Dieu! que i'apprehende
Qu'il ne trouue sa fille!

D. LOVIS.

Elle est encore au lit...

APPARENCE.

D. CARLOS.

Il sçait qu'elle est icy...

D. LOVIS.

Qui luy peut auoir dit?
Alors que l'on sçaura le sujet qui l'amcine,
Il sera temps assez de vous en mettre en peine :
Mais le voicy déja, cachez-vous mon Cousin,
Ce Castillan paroist vn vieillard fort mutin.

SCENE III.

DOM PEDRE, DOM LOVIS.

DOM PEDRE.

Estes-vous Dom Loüis?

D. LOVIS.

C'est ainsi qu'on me nomme.

D. PEDRE.

De Roxas?

D. LOVIS.

Oüy, Monsieur.

D. PEDRE.

Cette lettre est d'vn homme,
Qui croit qu'auprés de vous elle seule suffit,
Pour m'y faire appuyer de tout vostre credit,
Dans l'affaire d'honneur qui m'amene à Va-
  lence;
C'est du Duc d'Alue.

LA FAVSSE

D. LOVIS.

Il a fur moy toute puiſſance.

Il lit la Lettre.

On a enleué la Fille de Dom Pedre de Lara. Le Rauiſſeur eſt dans Valence ; Ie vous prie de croire qu'en ſeruant Dom Pedre, qui eſt mon Parent & mon Amy ; Vous obligerez

LE DVC D'ALVE.

Vous auez entendu ce que le Duc m'écrit.
Il a pû vous offrir le bras, & le credit
D'vn homme qui luy doit encore dauantage ;
Mais il faut que ie ſçache auant que ie m'engage,
Quel eſt ce Caualier à qui vous en voulez.

D. PEDRE.

Ie m'apperçoy par là de ce que vous valez,
Et c'eſt eſtre prudent que prendre connoiſſance,
Si vous deuez ou non, m'offrir voſtre aſſiſtance.

D. LOVIS.

Ie ne manquay iamais à ce que i'ay promis :
Mais ie ne promets rien qui bleſſe mes amis.

D. PEDRE.

D. Sanche de Luſſan, a-t'il l'honneur d'en eſtre ?

D. LOVIS.

Non, mais i'ay ſeulement celuy de le connoiſtre.

D. PEDRE.

Ie vous apprendray donc, puis qu'il ne vous eſt
rien,
Qu'il eſt mon ennemy.

APPARENCE.
D. LOVIS.
J'en feray donc le mien,
D. PEDRE.
Ce D. Sanche à Madrid galantifoit ma fille,
Cette pefte fatale à fa noble famille.
Vn Riual l'attaqua dans fa chambre vne nuit,
Le laiffa demy mort, & ma fille s'enfuit.
La Iuftice en connut, & fit fes procedures :
Mon honneur demandoit plus que des efcritures,
Ie laiffay donc guerir ce Dom Sanche en prifon,
Et cherchay fon Riual pour en tirer raifon;
Mais ie ne pus fçauoir, quoy que ie puffe faire,
Où fe cachoit ma fille, & cet autre aduerfaire.
De ces deux ennemis vn feul donc m'eft connu,
C'eft Dom Sanche, & ie fçay qu'il eft icy venu :
Ma fille l'a fuiuy, fa Maiftreffe, ou fa femme ;
Car hors luy qui voudroit fe charger d'vne infa-
   me?
D. LOVIS.
Ce Riual inconnu peut l'auoir comme luy.
D. PEDRE.
Oüy, fi l'on n'auoit fçeu de luy mefme auiour-
   d'huy,
Qu'il eft depuis vn iour arriué dans Valence.
D. LOVIS.
C'eft encore en iuger fur la feule apparence.
D. PEDRE.
Mais on m'a dit fouuent par tout où i'ay paffé,
Alors que i'ay pris langue, & qu'on ma vû preffé,
Que des gens de cheual dont ie fuiuois la pifte,
Emmenoient auec eux vne femme fort trifte :
C'eft fur ce fondement que ie veux l'attaquer,
Sur l'vn de ces Riuaux ie ne fçaurois manquer.
Puis qu'ils m'ont l'vn & l'autre ofé faire vne of-
   fence,

De montrer à l'Espagne vne illustre vengeance,
Adieu, ne sortez point.
D. LOVIS.
Ie fais ce que ie dois.

D. PEDRE.
Ce sera donc, Monsieur, pour cette seule fois.

SCENE IV.
DOM CARLOS, FABRICE.

D. CARLOS. *Sortant d'où il estoit caché.*
Heureusement pour nous le vieillard prend le change.
O Dieux ! que dois-ie faire en ce rencontre estrange ?
Dois-ie pas m'esloigner d'vne ingrate beauté ?
Dois-ie l'abandonner en cette extrémité ?
Et me dois-ie cacher ? vn amy m'en conjure,
Vn parent dont i'esprouue vne amitié si pure.
Comment dont accorder ces deuoirs opposez,
Que l'amour & l'honneur rendent si mal-aisez ?
Fabrice, il faut aller auertir Leonore,
Que son Pere la cherche, il luy faut dire encore
Que sans luy dire adieu, i'ay party ce matin,
Et pour toy, que tu sers desormais mon Cousin.
FABRICE.
I'y vay, mais quelqu'vn vient, cachez-vous.

SCENE V.

FLORE, LEONORE, MARINE.

FLORE.
Isabelle?

LEONORE.
Madame.

FLORE.
Acheuez donc de remplir ma dentelle.

LEONORE.
Elle est toute remplie à quelque chose prés :
Voulez-vous qu'à l'instant ie me remette aprés ?

Leonore sort.

FLORE.
Oüy. Marine ?

MARINE.
Madame.

FLORE.
Il n'est pas necessaire
Que cette Fille ait part dans ce que ie vay faire.
Va-t'en donc l'obseruer, Marine, & garde bien
Qu'elle ne me surprenne.

MARINE.
Elle n'en fera rien.

LA FAVSSE FLORE.

Et Dom Sanche?

MARINE.
Il soûpire en ma chambre, il lamente,
Il meurt en attendant que ie vous le presente.

FLORE.
Va le faire monter.

MARINE.
Vous l'allez voir tremblant, *Elle sort.*

FLORE.
Il n'a pas tant de peur qu'il en fait le semblant.
O raison sur mon ame autrefois absoluë!
O vertu qui m'auez si souuent secouruë!
Ma fierté, mes dédains, mon deuoir, mon honneur,
Que vous resistez mal à ma folle fureur!
Mais quand vous m'offririez vos conseils salutaires,
Ma passion vous croit des vertus trop austeres,
Et mon cœur qui la croit pluſtoſt que ma raison,
Cherit le mal qu'il souffre, & craint sa guerison.
Quoy! Dom Sanche à mes yeux ose paroistre encore, *Dom Sanche entre*
Dom Sanche vn infidelle, vn Amant que i'abhorre?

SCENE VI.

DOM SANCHE, FLORE.

D. SANCHE.

Dom Sanche, vn infidelle, vn Amant odieux,
Pour la derniere fois se presente à vos yeux,
Pour obtenir enfin le pardon qu'il demande :
Sa faute, il le sçait bien, ne peut estre plus grande;
Aussi, confesse-t'il d'auoir trop merité,
D'estre puny de vous auec seuerité;
Si la vostre à sa mort est enfin resoluë,
Vous pouuez l'ordonner de puissance absoluë.

FLORE.
Ie ne veux point ta mort.

D. SANCHE.
      C'est assez la vouloir,
Que de me declarer indigne de vous voir,
Et c'est me dire assez ce qui me reste à faire,
Pour me mettre en estat de ne vous plus déplaire.

FLORE.
Ingrat! qui sçais tenir de semblables discours,
Qui te forçoit d'aimer pour n'aimer pas toûjours!

D. SANCHE.
Ie vous aimay toûjours, & d'vne ardeur extréme:
Mais ne voit-on iamais offencer ce qu'on aime?

Doit-on faire durer si long-temps vn courroux ?
Nous offençons les Dieux qui peuuent tout sur
 nous ;
Mais ces Diuinitez qui quelquefois puniffent
Pardonnent plus souuent, & iamais ne haïssent.
Conformez-vous, Madame, à ces Diuinitez,
Dont vous auez déja les celestes beautez,
L'Esclaue fugitif qui reuient dans vos chaînes,
Puny par son remors autant que par ses peines,
En a souffert assez pour apprendre aux ingrats,
Qu'il est des chastimens pires que le trespas.

FLORE.

Et tes discours flatteurs, & tes trompeuses larmes,
N'ont pour moy desormais ny merites ny char-
 mes
Meschant qu'on ne peut trop, ny trop long-temps
 haïr ;
Ne tient-il qu'à tromper, ne tient-il qu'à trahir,
A cause qu'on sçaura se valoir de ses feintes?
A moy que tu trahis, tu fais de moy des plaintes?
Infidelle ! ha iamais ne parois deuant moy ;
Ce sont-là de vos tours, Marine ?

MARINE.

En bonne foy,
Il s'est comme vn Lyon, vn Tigre sanguinaire.
Poussé iusques icy, quoy que ie pusse faire.
Vn homme plein d'amour est pire qu'enragé,
Prend tout sans demander, entre & sort sans
 congé.

APPARENCE. 45

SCENE VII.
CARDILLE, DOM SANCHE, FLORE, MARINE.

CARDILLE.

Songez à vous Seigneur.
D. SANCHE.
Et qu'eſt-ce donc Cardille!
CARDILLE.
Dom Loüis, qui fait tant du Pere de famille,
M'a vû; monte aprés moy de fort mauuaiſe hu-
meur.
Il nous tient pour ce coup.
FLORE.
I'en ay toûjours eu peur.
MARINE.
Ne perdons point de temps: entrez dans cette
Chambre.
D. SANCHE.
Moy, me cacher?
FLORE.
Oüy, vous.
CARDILLE.
I'en ſuis pour plus d'vn membre;
Que ne ſuis-ie dehors pour cent coups de baſton!
MARINE.
Cache-toy promptement, impertinent Bouffon!

LA FAVSSE

SCENE VIII.
D. LOVIS, FLORE, D. CARLOS.

D. LOVIS.
IL ne peut m'eschapper.
FLORE.
Et qu'auez vous mon frere?
D. LOVIS.
Vous le verrez ma Sœur.
FLORE.
Vous estes en colere.
D. LOVIS.
J'y suis auec sujet: laissez-moy seul icy.
FLORE.
Mais pourquoy vous laisser?
D. LOVIS. *Elle s'en va.*
Mais il le faut ainsi.
C'est moy mon cher Cousin, laissez ouurir la
porte. *Tirant vne clef de sa poche.*
D. CARLOS. *Sort.*
Qu'auez-vous découuert?
D. LOVIS.
Enfin, j'ay fait en sorte,
Que les gens du balcon seront pris sur le fait,
Si du balcon en bas ils ne font le trajet.
Vostre vallet prend garde à la porte fermée,
Ma famille s'en trouble, & paroist allarmée.
Si ie puis découurir que quelqu'vn de chez moy
Ait eu la moindre part.... Mais qu'est-ce que ie
voy?

SCENE IX.

D. SANCHE, LEONORE, D. LOVIS, DOM CARLOS, MARINE.

D. SANCHE. *Sortant effrayé d'vne chambre, où il a trouvé Leonore.*

Ombre qui me pourſuis! n'es-tu pas aſſou-
    uie
De m'auoir vû chez toy preſt de perdre la vie,
Sans encore venir, ſpectre horrible à mes yeux,
Te ioindre aux ennemis que ie crains en ces lieux?

LEONORE. *Effrayée de voir D. Sanche.*

Ou Dom Sanche, ou Phantoſme, objet qui m'es
    funeſte,
Eſtant cauſe dé-ja qu'vn eſpoux me déteſte,
Et m'ayant fait ſortir du logis Paternel,
N'eſtois-tu pas aſſez enuers moy criminel,
Sans venir en barbare, en tygre impitoyable.
Acheuer les mal-heurs de mon ſort déplorable.

D. LOVIS. *A part.*

C'eſt donc pour Leonore, que D. Sanche eſt-icy?

D. CARLOS. *Entr'ouvrant la porte de ſa chambre, où il eſt caché.*

L'ingratte Leonore me trompe donc ainſi?
Au moins ſeray-ie quitte auec cette infidelle.

D. LOVIS. *A part.*

Au moins ma ſœur n'eſt pas enuers moy crimi-
    nelle.

LA FAVSSE

D. SANCHE.
Dom Louis, il est vray, ie suis en ta maison.
D. LOVIS.
Oüy, Dom Sanche, où ton sang me doit faire raison.
D. SANCHE.
Mais deuant que de croire vne aueugle vengeance,
Souffre que ie te parle, & voy si ie t'offence;
Et si de mes raisons tu n'es pas satisfait,
De ta fiere menace on pourra voir l'effet.
I'ay seruy dans Madrid cette fille ; & chez elle
Contre vn de ses Amans ie pris vn iour querelle.
Nous en vinsmes aux mains, & ie fus fort blessé,
Ie la viens voir chez toy, t'ay-ie fort offensé ?
L'amour peut ce me semble excuser vn tel crime.
D. LOVIS.
C'est me manquer chez moy de respect, & d'estime,
Qu'y faire le galant lors que ie n'y suis pas :
Pour vne moindre offense on donne le trespas ;
Mais fust-elle excusable, il faut sçauoir encore
Si tu ne me ments point : dit-il vray, Leonore ?

D. CARLOS. *D'où il est caché.*
Que dira cette ingratte ?
LEONORE.
Il dit la verité:
C'est par luy Dom Loüis, que tout bien m'est osté,
Ie me trouue par luy sans païs, & sans Pere,
La haine d'vn Espoux ; reduite à la misere
De seruir de suiuante, & sans vostre secours,
Les mal-heurs qu'il me cause ; auroient finy mes iours,

MARINE.

APPARENCE.
MARINE. *Bas à Flore.*
La prudente Soubrette a parlé comme vn Ange :
FLORE.
Elle en dit trop Marine.
MARINE.
Ha vous estes estrange !
Ie n'aurois peu moy mesme aussi bien controuuer.
D. LOVIS.
Vne difficulté reste encore à leuer :
Est-ce la seule fois qu'en Amant temeraire
Tu t'es caché chez moy ?
D. SANCHE.
Bons Dieux ! que dois-je faire ?
Le mensonge me sert, la verité me nuit ;
Mais cessons de mentir, ie passay l'autre nuit,
Caché dans ton balcon.
D. LOVIS.
Tu sautas dans la ruë ?
D. SANCHE.
Ie ne le puis nier.
D. LOVIS.
Ta mort est resoluë :
Deffens-toy si tu peux.
D. CARLOS. *Sortant d'où il est caché.*
C'est à moy, c'est à moy,
De le punir encore.
D. SANCHE.
Et que me veux-tu, toy,
Qui m'estant inconnu, viens m'attaquer en traî-
tre ?
D. CARLOS.
Ie t'ay pourtant donné sujet de me connoistre,
Ce fut lors que mon bras tout ton sang répandit,
Ou bien lors que le tien si mal te deffendit.

G

LA FAVSSE

D. SANCHE.
Tu te liures toy mesme à ma iuste vengeance.
D. LOVIS.
Mon Cousin, laissez moy punir son insolence.
FABRICE. *Entre & veut frapper D. Sanche.*
Point de cartier, main basse.
MARINE. *L'arreste.*
Arreste mal-heureux.
D. SANCHE.
C'est donc, contre moy seul, trop peu que de vous deux ?
D. CARLOS.
Il dit vray : s'en venger auec tant d'auantage,
C'est moins vne action de valeur que de rage.
Ta foiblesse te sert, D. Sanche, sauue-toy ;
Tu n'auras desormais qu'à te garder de moy.
D. LOVIS.
D. Carlos n'est pas seul à menasser ta vie.
D. SANCHE.
Il ne tiendra qu'à vous d'en passer vostre enuie.
Qui seul contre vous deux se croit hors de danger,
Seul contre vn de vous deux peut bien se partager.
D. CARLOS.
Garde apres ta victoire vne telle insolence,
Et battu dans Madrid sois modeste à Valence.
CARDILLE. *Parlant bas à son Maistre.*
N'allez pas faire icy du vaillant indiscret,
Et filez doux, Seigneur, quoy qu'auecque regret,
Pour moy sans me piquer de faire l'ame forte,
Hardy comme vn lyon, ie viens d'ouurir la porte.
Sauuons nous.

APPARENCE.

D. SANCHE. *Se retirant.*
　　　　A demain, Castillan fanfaron.
D. LOVIS.
Insolent! souuiens-toy qu'on te traitte en poltron.
D. SANCHE.
Ie veux prendre mon temps, pour vous battre à
　mon aise.
　　　CARDILLE. *Fermant la porte aprés soy.*
Et moy ie vous enferme, adieu race mauuaise.
D. LOVIS.
Le lasche esprouuera la valeur de mon bras.
FLORE.
Ha battez-vous mon frere, & ne l'outragez pas.
D'vn homme sans honneur la victoire est hon-
　teuse,
Et d'vn homme d'honneur la haine est genereuse.
Auoir à vaincre vn homme, & le perdre d'hon-
　neur,
C'est manque de prudence, ou bassesse de cœur.
　　　D. LOVIS. *à part.*
On voit dans ses discours sa criminelle flâme.
　　　D. CARLOS. *Parlant à Leonore.*
Tu ne me peux cacher le plaisir de ton ame,
De voir Dom Sanche encore eschapé de mes
　mains.
LEONORE.
Il est vray cher Charlos, ie t'aime, & ie le crains.
D. CARLOS.
Tu n'es pas auec luy d'intelligence? infame!
LEONORE.
Cesse de m'outrager, cher Espoux.
D. CARLOS.
　　　　　　　　Toy, ma femme?

C ij

LA FAVSSE

Appelle ton Espoux ce lâche qui s'enfuit,
Qui te vient visiter, & le iour & la nuit,
Qu'il te faut peu de temps pour te faire connoistre!
LEONORE.
Si tu voyois mon cœur!
D. CARLOS.
Ie verrois vn grand traistre.
LEONORE.
Te dois tu prendre à moy de tes emportemens?
D. CARLOS.
As-tu crû conseruer à la fois deux Amans?
LEONORE.
Cruel! tu ne crois pas tout ce que tu m'imputes.
D. CARLOS.
Ha! c'est perdre le temps en de vaines disputes,
Mon Cousin, desormais ie ne fais rien icy,
Puis que de vos soupçons vous estes esclaircy.
Ie veux donc auiourd'huy sortir de cette ville,
Leonore chez vous n'a plus besoin d'Azile,
Puis que chez le Riual qu'elle m'a preferé,
Elle trouue celuy qu'elle a tant desiré.
Son Pere est à Valence, il faut qu'il en dispose:
Aprés tant de rumeur que chez vous elle cause,
Vostre sœur se plaindroit auec iuste raison,
D'auoir à la garder encore en sa maison.
Cependant, que Dom Sanche exalte sa vaillance,
Qu'il dise que la peur me chasse de Valence;
Que Leonore l'aime, & qu'il me pousse à bout:
Qu'il me l'oste; il en est quelque chose aprés tout;
Non qu'il me fasse peur; mais le laisser en vie,
Ce me seroit sans doute vne grande infamie,
Si mon cœur genereux qu'elle a traitté si mal
Ne respectoit en elle vn trop heureux Riual,
Et ce dernier seruice en vne ame équitable,

APPARENCE.

Seroit de tous les miens le plus confiderable;
Mais ingrate qu'elle est pour ne me deuoir rien,
Dira qu'elle le hait, & qu'elle m'aime bien.

LEONORE.
Oüy, ie le hay, ie t'aime, ou plustost ie t'adore;
Mais toy cruel, tu hais la pauure Leonore.

D. CARLOS.
C'est encore t'aimer que ne te pas haïr,
Toy qui m'as pû tromper, toy qui m'as pû trahir.

LEONORE.
Ce reproche dernier m'acheue, & te déliure
De l'obiet odieux qui sans toy ne peut viure.
Ie me meurs. *Elle s'éuanoüit.*

D. LOVIS.
Elle tombe, hé prenez la ma sœur.
Marine!

MARINE.
C'en est fait.

D. CARLOS. *A part.*
I'en mourrois de douleur.

FLORE.
Portons-la dans ma chambre. *On l'emporte.*

MARINE.
Elle respire encore.

D. CARLOS.
Sauuons mon cher Cousin la vie à Leonore,
Si quelqu'humain remede est encor de saison.
Ie la distingue encor d'auec sa trahison;
Et si cét accident alloit finir sa vie,
Sa mort seroit bien-tost de la mienne suiuie.

D. LOVIS.
Et pour elle, & pour vous, y prenant interest,
Ie vais voir chez ma sœur en quel estat elle est.
Il sort.

LA FAVSSE

D. CARLOS.

Non, laiſſons la mourir, il n'y va plus du noſtre,
Puis qu'elle ne vit plus que pour le bien d'vn autre:
Mais auec ſes deffauts ne l'adores-tu pas;
Et pourrois-tu mon cœur ſuruiure à ſon trepas?
Quand tu deteſte plus ſon humeur infidelle,
Ne te ſouuiens-tu pas à quel point elle eſt belle?
Foible cœur! qui reſſens plus viuement l'effet
Du mal qu'elle a ſouffert, que du mal qu'elle a fait.
A quoy vont t'engager tes nouuelles tendreſſes?
Songe aux maux que t'ont fait ſes trompeuſes careſſes,
Songe combien de ſang noſtre bras reſpandit
A l'infidelité que l'ingrate nous fit;
Songe combien de ſang on auroit pû reſpandre
S'il l'on euſt obligé Dom Sanche à ſe deffendre,
Et ſonge foible cœur! à quoy t'obligera,
Le bon-heur d'vn Riual qui la poſſedera.

Fin du troiſieſme Acte.

ACTE IV.

SCENE PREMIERE.
DOM CARLOS, DOM LOVIS.

D. CARLOS.

Est-elle revenuë?

D. LOVIS.
Oüy, mais d'vne maniere,
Que ie la plaindrois moins de perdre la lumiere.

D. CARLOS
Et qu'a-t'elle donc fait aprés sa pâmoison?

D. LOVIS.
Elle a repris ses sens, & non pas sa raison,
Et m'a si fort paru de ses ennuis troublée,
Et si sourde aux discours qui l'auroient consolée,
Qu'en son esprit qu'accable vn chagrin triste, & noir,
Ie crains les accidens d'vn cruel desespoir.
De peur qu'elle ne soit à soy-mesme cruelle,
Et ma Sœur, & Marine auront les yeux sur elle:
Et vous, puisque son mal vient de vostre rigueur,
Traitez-la desormais auec plus de douceur.

LA FAVSSE

D. CARLOS.

Vous vous eſtonnerez de ce qu'aimant encore,
Autant qu'on peut aimer l'ingrate Leonore,
Par vn effet d'amour qui n'eût iamais d'égal,
Ie veüille la ceder à mon heureux Riual.
Ceder à ſon Riual ainſi ce que l'on aime,
C'eſt bien ce qu'on appelle aimer plus que ſoy-meſme;
C'eſt bien l'effort plus grand que puiſſe faire vn cœur,
Que perdre ſon repos pour ſauuer ſon honneur.

D. LOVIS.

Mon cœur, comme le voſtre à l'amour tributaire,
Croit vn homme amoureux capable de tout faire;
Mais ie ne comprens pas, qu'eſtât bien amoureux,
On veüille à ſes dépens rendre vn Riual heureux.

D. CARLOS.

C'eſt pourtant le deſſein que i'ay pour l'infidelle;
C'eſt le dernier effort que ie feray pour elle,
Et par cette action l'imprudente apprendra,
Quel Amant elle perd quand elle me perdra.
Il faut que ce Riual, par vn prompt hymenée,
Reſtabliſſe l'honneur de cette infortunée;
Pour peu qu'il le refuſe, il n'eſt rien icy bas
Capable de le mettre à couuert de mon bras.
Ie veux, ſoit que l'on s'aime, ou que l'on ſe haïſſe,
Qu'auant la fin du iour, cét Hymen s'accompliſſe.
Helas! ſi ie pouuois brûler d'vn autre feu!
Ie la perdrois ſans peine, ou i'en ſouffrirois peu;
Mais ie pers tout en elle, & lors que ie la cede,
D'vn mal douteux encor, i'en fais vn ſans remede.

APPARENCE.
D. LOVIS.
Ce genereux dessein que vostre amour a pris,
Ma donné de la ioye, & ne m'a pas surpris.

D. CARLOS.
Allez donc de ma part voir Dom Sanche, & luy faire.
La proposition.

D. LOVIS.
    La plus facile affaire
Cesse bien-tost de l'estre en la pressant trop fort.
Il ne faut pas aller à Dom Sanche d'abord.
Tout homme ayant du cœur fait-il la moindre
 chose
De ce qu'vn Aduersaire, vn Riual luy propose?
Bien loin d'y consentir, il s'en offenseroit,
Quand bien sa passion par là se flatteroit.

D. CARLOS.
Il faut donc voir Dom Pedre, & luy faire pro-
 mettre
De bien traiter sa Fille, & puis la luy remettre.
En suite à cét Hymen vous le disposerez,
Par les plus doux moyens que vous auiserez.

D. LOVIS.
Mais qui verra Dom Sanche?

D. CARLOS.
    Et qui le peut mieux faire
Qu'vn Pere interessé?

D. LOVIS.
    C'est pour rompre l'affaire,
Et ce futur Beau-pere, & ce futur Espoux
Sont ensemble aussi mal qu'ils le sont auec vous,
Ny Dom Pedre, ny vous ne deuez pas paroistre,
Où quelqu'vn moins suspect reüssira peut-estre.

C v

LA FAVSSE

Ma Sœur connoist Dom Sanche ; elle le peut
mander,
Luy propofer la chofe, & le perfuader :
Outre que fon efprit fans doute en eft capable,
Vn tel employ me femble à fon fexe fortable:
Et de plus Leonore chez elle, & ce qu'elle eft,
L'oblige à la feruir par fon propre intereft :
Entrez donc dans ma chambre.

DOM CARLOS.

Il n'eft pas neceffaire
Que ie me cache encor.

D. LOVIS.

Le Riual ou le Pere
Pourroient vous quereller, s'ils vous trouuoient
icy.

D. CARLOS.

Que vous feul fçachiez donc que ie me cache
ainfi.

SCENE II.

FLORE, DOM LOVIS.

FLORE.

IE cherchois Dom Carlos ! Leonore le demande.

D. LOVIS.

Ie venois comme vous le chercher,

APPARENCE.
FLORE.
          J'apprehende
Qu'il n'ait suiuy Dom Sanche, & que se rencon-
trans,
La mort de l'vn des deux vuide leurs differends.
D. LOVIS.
Ie veux les obseruer craignant la mesme chose ;
Mais de leurs differéds puisque l'on sçait la cause,
Il nous est fort aisé de les r'accommoder.
Pour peu que vous vouliez mes efforts seconder :
Ie vous vay donc fier vn secret d'importance.
FLORE.
Me fier vn secret ! vous dont la défiance
M'a tantost outragée auecque tant d'aigreur ?
D. LOVIS.
N'aimant rien tant que vous, si ce n'est mon
 honneur,
Et l'honneur d'vne Sœur estant celuy d'vn frere,
Ie croy n'auoir rien fait que ie ne dûsse faire,
Et vostre esprit possible en seroit satisfait,
S'il sçauoit les motifs de tout ce que i'ay fait.
FLORE.
De son frere vne Sœur n'est iamais satisfaite,
Quand d'injustes soupçons contre elle il s'in-
quiette ;
Mais sçachons ce secret.
D. LOVIS.
    Quand Dom Sanche & Carlos,
Seroient moins Ennemis, ne seroient point
 Riuaux ;
Quand ie n'aimerois pas Carlos plus que ma vie,
Carlos à qui le Sang, & l'amitié me lie,
Dom Sanche est enuers nous à tel point criminel,
Que ie serois toûjours son ennemy mortel.

          C vj

La querelle iamais n'en sera terminée,
Si l'vn deux préferé par cette infortunée,
Et luy rendant l'honneur denenu son Espoux,
L'autre ne soit par là satisfait comme nous.
Agissez donc ma Sœur, de toute vostre adresse,
Calmez vn differend où Carlos s'interesse ;
D'où peut naistre vn combat fatal à sa valeur,
Et pour nous vn suiet d'eternelle douleur.
Encor que Leonore auiourd'huy reconnuë,
Se tire du bas rang où nous l'auons tenuë :
Elle est chez nous encore, & c'est encore assez,
Pour estre auec Carlos de Dom Sanche offensez,
Parlez donc.

FLORE.

A Carlos ?

D. LOVIS.

Non, à son aduersaire,
A l'insolent Dom Sanche.

FLORE.

He bien, il le faut faire.

D. LOVIS.

Figurez luy les maux dont il est menassé,
De son Riual Carlos qui l'a déja blessé ;
De moy son ennemy ; du Pere de la Fille ;
Parent & fort aimé des plus grands de Castille ;
Qu'il trouue en cette Fille, outre sa seureté,
De l'honneur, des Amis, du bien, de la beauté.
Adieu, mandez Dom Sanche, & ie vay chercher
   l'autre. *D. Loüis sort.*

FLORE.

Ie vous obeïray. Quel destin est le nostre !
Dom Sanche fut toûjours mon espoir, & mon
   bien ;
Il posseda mon cœur, ie posseday le sien,

APPARENCE.

Et par vne funeste & bizarre auanture,
Par vne loy d'honneur ; mais des loix la plus
  dure,
Il faut que ce soit moy, moy qui n'aime que luy,
Qui traitte son Hymen ; mais helas pour autruy.
Ainsi ie hasteray l'heure de mon supplice ;
Ainsi contre moy-mesme il faut donc que i'agisse,
Et qu'ayant tous les iours à cacher mes ennuis,
I'aye à passer en pleurs mes solitaires nuits ;
Mais deuant que donner à ce penser funeste
Les mal-heureux moments que ma vie a de reste,
Voyons Dom Sanche encore, & taschons de sça-
  uoir
Qu'elle part en son cœur ie puis encore auoir,
Et pour peu que l'ingrat en son deuoir hesite,
La mort aux mal-heureux n'est iamais interdite :
Ce remede asseuré des maux qui n'en ont pas,
Ne peut intimider que des courages bas.
Marine à moy.

SCENE III.

LEONORE, FLORE, D. CARLOS.

LEONORE.

Madame ?

FLORE.

Aimable Leonore !
Auez-vous nom Marine ; & seruez-vous encore ?

LA FAVSSE

LEONORE.
Me rauir cét honneur, c'est vouloir tout m'oster.

D. CARLOS. *A part, en r'ouurant la porte de sa chambre.*
I'entens mon infidelle, il la faut escouter.

FLORE.
Ie n'exige de vous que d'estre mon amie.
Tu seras bien plûtost ma mortelle ennemie. *à part.*

LEONORE.
Quand ie vous veux seruir, ie fais ce que ie doy;
Aprés tant de bontez que vous auez pour moy.

FLORE.
Ie veux faire pour vous encore dauantage.

LEONORE.
Et que pourriez vous faire?

FLORE.
Vn heureux mariage.

LEONORE.
Et le Ciel, & Carlos me veulent trop de mal.

FLORE.
Au deffaut de Carlos, vous aurez son Riual.

LEONORE.
Et par qu'elle action puis-je assez vous déplaire,
Pour meriter le mal que vous me voulez faire?

FLORE.
Et ne l'aimez-vous pas?

LEONORE.
Et pourrois-ie l'aimer,
Puis que i'ay mesme horreur à vous l'oüir nommer?
Les Monstres, les Serpens, tous les obiets semblables,
Deuiendroient à mes yeux des obiets supportables.

APPARENCE.

Pluftoft qu'vn importun, de qui les vains defirs
Ont commencé mes maux, & finy mes plaifirs.
FLORE. *A part.*
Ne m'en dis plus de mal, puifque mon cœur
  l'adore.
LEONORE.
Le Ciel me gardoit-il cette difgrace encore ?
Vn cruel ?
D. CARLOS. *D'où il eft caché, à part.*
Elle n'en parle ainfi,
Qu'à caufe qu'elle fçait que ie l'entens d'icy.
LEONORE.
Vn Dom Sanche !
D. CARLOS. *A part.*
Vn Riual que ton cœur me prefere.
LEONORE.
M'efpoufer !
D. CARLOS. *A part.*
Pourquoy non, puis qu'il a pû te plaire ?
LEONORE.
Hà ! Madame, quittez ce deffein mal-heureux
Trop malaifé pour vous, pour moy trop dange-
  reux.
FLORE.
Mais ne fongez-vous pas que par cét Hymenée....
LEONORE.
On hafte de ma mort la fatale iournée ;
Quand bien Dom Sanche auroit plus de bien, plus
  d'appas ;
Quand il feroit aimable autant qu'il ne l'eft pas ;
Et quand bien ie ferois cent fois plus mal-heu-
  reufe,

LA FAVSSE

Ie luy prefererois la mort la plus affreufe.

FLORE.

Vous fçauez le peril qu'il a couru pour vous
Lors que dans voftre chambre il receut tant de cous ?

LEONORE.

Quoy bonDieu vous contez pour quelques grands feruices,
Les funeftes effets de toutes fes malices ?

FLORE.

Vous voyez comme il fuit fes amoureux deffeins,
Icy comme à Madrid.

LEONORE.

Et c'eft dont ie me plains

FLORE. *S'en allant.*

Songez y Leonore.

LEONORE.

Helas! lors que i'y fonge
Et lors qu'en ce penfer mon defefpoir me plonge,
De mes mal-heurs paffez le fouuenir cuifant
Augmente la rigueur de mon mal-heur prefent.
Inhumain, Dom Carlos! que ne peux-tu m'entendre?
Non pour m'aimer encor; ie ne l'ofe pretendre;
Mais afin que mon nom te foit moins odieux,
Lors que i'auray perdu la lumiere des Cieux.

D. CARLOS.

A-t'on iamais vû feindre, & fourber de la forte?

LEONORE.

Ennemy qui m'es cher! mais on frappe à la porte.

SCENE IV.

DOM PEDRE, LEONORE, DOM CARLOS.

D. PEDRE.

LE Seigneur Dom Loüis.
LEONORE.
Et qu'eſt-ce que ie voy!
Iuſte Ciel, c'eſt mon Pere.
D. PEDRE.
Infame, c'eſt donc toy :
Quel azile aſſez ſeur, quelle puiſſance humaine
Te peut mettre à couuert des effets de ma haine?

D. CARLOS. *Ouurant la porte, & tirant Leonore dans ſa chambre.*
Ne crains rien infidelle, où ſera ton Carlos,
Viens encore eſprouuer comme il ſert à propos.
D. PEDRE.
Il n'eſt chambre fermée où ne s'ouure vn paſſage,
L'impetueux effort d'vn homme qu'on outrage.
Ie te tiens mal-heureuſe, & de ton chaſtiment,
Tu recules en vain le funeſte moment.
Si l'honneur te donnoit des remors de ton crime,
Tu te viendrois offrir toy meſme pour victime;
Mais celle qui perdit ſa reputation,
Ne peut faire iamais vne bonne action,
Ouure fille perduë! ingrate! ouure à ton Pere.

66　　　LA FAVSSE

LEONORE. *De l'autre cofté de la porte.*
Ouurons luy cher Carlos.
　　D. CARLOS. *De l'autre cofté de la porte.*
　　　　Non, non, laiſſons le faire.
　　　　D. PEDRE.
Et des pieds, & des mains.

SCENE V.

MARINE, FLORE, D. PEDRE.

MARINE.

CE Caualier grifon,
Veut-il à coups de pied démolir la maiſon?
　　　　FLORE. *entre.*
Marine, & d'où vient donc ce bruit eſpouuenta-
ble?
　　　　MARINE.
De ce vieillard qui fait vne rumeur de diable.
　　　　FLORE.
Et deuant vne Dame, chez vn Caualier.
Temeraire vieillard, faut-il tant s'oublier!
Sçauez-vous qui ie fuis? ſçauez-vous où vous eſtes?
Et iuſqu'où peut aller l'action que vous faites?
　　　　D. PEDRE.
Ie connois la maiſon dont ie trouble la paix,
Et iuſqu'ou peut aller l'action que ie fais;
Mais quand d'vne maiſon plus qu'vn temple ſa-
crée,

APPARENCE.

Et le fer, & le feu me deffendroient l'entrée,
J'oferois y chercher vn bien qui m'appartient,
Comme ie cherche icy celuy qu'on m'y retient.
FLORE.
Et que vous retient-on ?
D. PEDRE.
L'ingrate Leonore,
Qui iadis me fut chere, & qu'auiourd'huy i'ab-
horre ;
Rendez-la donc, Madame, ou ma iuste fureur
Remplit vostre maison de massacre, & d'horreur.
FLORE.
Vn homme de cét âge aime aussi Leonore;
Et Dom Sanche, & Carlos ont ce Riual encore ?
MARINE.
Tant d'Amans à la fois ne se gardent pas bien,
Et qui veut tout auoir, le plus souuent n'a rien.
D. PEDRE.
Madame, encore vn coup faites moy la donc ren-
dre.
FLORE.
Ha mon frere ! approchez, & nous venez deffen-
dre, *D. Louis entre.*
Ce colere vieillard qu'on ne peut appaiser,
Ne veut pas moins chez vous que les portes bri-
ser.

SCENE VI.

D. LOVIS, D. PEDRE, FLORE.

D. LOVIS.

TOut beau ma sœur, parlez auec moins de colere :
Maiſtre abſolu chez moy, Dom Pedre y peut tout faire.

D. PEDRE.

Eſtre Maiſtre chez vous n'eſt pas ce que ie veux,
Et ie ſçay mieux regler mes ſouhaits & mes vœux,
Ie ſonge encore moins à vous faire vne offence,
Moy qui n'ay pour amy que vous ſeul dans Valence :
Mais ma fille eſt chez vous, & ie la veux auoir,
Et l'ayant vous deuiez me le faire ſçauoit.

D. LOVIS.

La ſçachant en ces lieux de voſtre bouche meſme,
De la chercher par tout, i'ay pris vn ſoin extréme :
Enfin ie l'ay trouuée, & l'amenant chez moy,
Ie croy m'eſtre acquitté de ce que ie vous doy ;
Elle eſt auec ma ſœur, & ne peut pas mieux eſtre :
Lors que ie vous verray de vous meſme le Maiſtre
Capable d'arreſter vn premier mouuement,
Ie vous la feray voir ; mais non pas autrement.

D. PEDRE.

Ie vous ſuis obligé d'auoir trouué ma fille ;

APPARENCE.

Mais où trouuer l'honneur qu'elle oste à sa fa-
mille ?
D. LOVIS.
On peut vous rendre aussi ce seruice important,
Mais i'ay peur de manquer vn homme qui m'at-
tend,
Et qui me peut seruir à vous tirer de peine.
FLORE. *Parlant bas à son Frere.*
Dom Sanche va venir.
D. LOVIS.
C'est pourquoy ie l'emmeine.
Allons Monsieur.
D. PEDRE.
Allons, c'est de vous seulement,
Que i'espere en mon mal quelque soulagement.
FLORE.
Vous n'auez plus à craindre aimable Leonore;
Et vous pouuez sortir.
D. CARLOS. *Parlant à Leonore en la laissant sortir.*
Non seulement à Flore;
Mais à qui que ce soit, ne va pas reueler.
Que Dom Carlos se cache.
FLORE.
Ils s'en viennent d'aller,
Vous auez eu grand peur.
LEONORE.
On doit craindre son Pere,
Quand on se sçait l'objet de sa iuste colere.
FLORE.
Vous pourriez aisément adoucir son esprit
Par cét heureux Hymen que ie vous auois dit.
LEONORE.
Cessez, si vous m'aimez, de songer dauantage,

LA FAVSSE

A faire reüssir vn pareil mariage;
Songez au déplaisir que me pourroit causer
La dure extrémité de vous rien refuser.
La rigueur de mon Pere à ma perte obstinée,
Pourroit bien me forcer à ce triste Hymenée;
Mais par tant de moyens on trouue le trespas,
Que la peur d'vn tel mal ne m'inquiete pas
La haine de Carlos toûjours inéxorable,
Est bien vn plus grand mal, & bien moins supportable;
M'en guerir, c'est autant que me ressusciter;
Mais mon mal-heur commence à ne se plus flatter
Des espoirs mal fondez, il sçait trop la coustume,
De changer leur douceur en beaucoup d'amertume;
Il a trop esprouué combien leurs faux appas
Irritent les douleurs qu'ils n'adoucissent pas.

FLORE.

Venez-vous dans ma chambre?

LEONORE. *Flore sort.*

Allez ma chere Dame;
Ie vous suis. Cher Carlos, Maistre de mon ame,
Si d'vn si tendre nom i'ose encore appeller,
Celuy qui ne veut pas seulement me parler;
Ouure vn moment ta porte, & voy ta Leonore,
Sans ta protection preste à perir encore;
Vne seconde fois tire-la du tombeau

D. CARLOS. *Sortant de sa chambre.*

As-tu fait contre moy quelque crime nouueau?
Car c'est de nos destins la fatale ordonnance,
Que mon bras te protege, & que ton cœur m'offence.

APPARENCE.   71
LEONORE.
De nos destins plustost c'est la fatale loy.
Que tu ne m'aimes point, que ie n'aime que toy,
D. CARLOS.
Est-ce la ce grand mal dont ie te dois deffendre?
LEONORE.
C'en est biē vn plus grād, si tu daignes m'entēdre,
D. CARLOS.
Dis-le donc viste?
LEONORE.
   Helas! pour comble de mes maux,
On m'ordonne d'aimer vn autre que Carlos.
Flore pour accomplir ma dure destinée,
Me vient de proposer Dom Sanche en Hymenée:
Et si ton noble cœur n'en détourne l'effet,
Tu perdras tout le fruit du bien que tu m'as fait.
D. CARLOS.
Tu me viens demander vne plaisante chose:
Romprois-ie cét hymen, puis que ie le propose?
LEONORE.
Toy cruel?   D. CARLOS.
   Moy, perfide.
LEONORE.
   Et pourquoy donc, ingrat?
D. CARLOS.
Pour rendre à ton honneur quelque sorte d'éclat.
LEONORE.
Inhumain peux-tu croire à tes soupçons encore?
Et n'as-tu pas oüy ce que i'ay dit à Flore,
Et de quelle façon i'ay traitté ton Riual,
Quand elle m'a parlé de cét Hymen fatal?
D. CARLOS.
He ne sçauois-tu pas que ie pouuois t'entendre?
Et dis moy quand ton Pere a pensé te surprendre,

Te serois-tu sauuée, à moins que l'auoir sceu
Dans la chambre où j'estois ? à cela que dis-tu ?
LEONORE.
Qu'alors qu'on nous accuse, & que nostre innocēce,
Quoy que vraye en effet, est fausse en apparence;
Qu'il vaut autant mourir que de toûjours nier
Vn crime qu'on ne peut d'ailleurs iustifier. *Elle*
D. CARLOS. *(s'en va.*
Bons Dieux! si c'estoit moy qui fusse le coupable?
Si mes yeux pour le vray prenoiét le vray-séblable?
S'il est vray que toûjours i'ay regné dãs son cœur?
Mais aussi s'il est vray qu'elle n'a plus d'honneur?
Si lors qu'entre deux maux dont l'vn se peut élire,
C'est toûjours le plus seur que déuiter le pire,
Acheuons son hymen, & sans plus hesiter,
Pour luy rendre l'honneur, laissons nous tout oster
Mais quand i'auray perdu toute mon esperance,
Me respons-tu mon cœur de ton indifference ?
Et la pourras-tu voir dans les bras d'vn Riual
Au milieu des plaisirs se riant de mon mal ?
Es-tu bien asseuré qu'vne ialouse rage
Ne tourne ses efforts contre mon propre ouurage,
Et que me repentant d'estre Amant genereux,
Ie ne trouble la paix de ces Amans heureux ?
Mais fuis des passions dont tu n'es pas le Maistre,
Sois genereux mõ cœur, on ne sçauroit trop l'étre:
Rentrons dans cette chãbre, alions y sans témoins
Abandonner nostre ame à ses tragiques soins.
Attendons y l'effet que nous pourra produire
Vn hymen qu'autrefois j'aurois voulu détruire;
Et quoy que cét hymen nous satisfasse ou non,
Empeschons nostre bras de noircir nostre nom.

Fin du quatriesme Acte.

ACTE V.

ACTE V.

SCENE PREMIERE.

LEONORE.

Aveugle deïté! suiette au changement,
Qui fais tout sans raison, sans choix, & sans mesure,
Et qui rends mal-heureux le plus fidelle Amant,
Aussi tost que le plus pariure,
Si l'iniuste Carlos doute de mon amour;
S'il me reprend son cœur pour le donner à Flore;
Si ie trouue en tous lieux Dom Sanche que i'abhorre,
Quel mal, cruel destin, me peux tu faire encore,
Si tu ne te resous à me priuer du iour?

Si tu ne te resous à me priuer du iour;
Si tu ne me fais pas cette grace funeste,
Pour sortir de tes mains, & de celles d'amour;
Ie me sens des forces de reste,
Accoustumé peut-estre à me voir tant souffrir.

74   LA FAVSSE

Tu crains qu'apres ma mort enfin ie ne repose;
Mais pour finir ma vie, il suffit que ie l'ose,
Et ta rigueur en vain à ce dessein s'oppose,
Si la seule douleur nous peut faire mourir.

Si la seule douleur nous peut faire mourir,
Faisons agir la nostre & luy laissons tout faire;
Peut-estre qu'à l'ingrat qui ne me peut souffrir,
  Mon trespas au moins pourra plaire.
Finissons tout d'vn temps ma vie, & mon mal-
 heur;
Sous les loix de l'amour. Qui toûjours mal-heu-
 reuse,
Endure sans espoir vne peine amoureuse,
Doit s'en tirer soy-mesme, & suiure courageuse
Les funestes desseins qu'inspire la douleur.

Les funestes desseins qu'inspire la douleur,
En l'estat où ie suis me sont aisez à suiure;
Qui redoute la mort, merite son mal-heur,
  Quand c'est l'augmenter que de viure.
Ie mourray cher Carlos; mais pourrois-je espe-
 rer,
Quand dés pasles esprits i'augmenteray le nom-
 bre,
De sortir quelquefois de ma demeure sombre,
D'errer autour de toy, te faire voir mon ombre?
Helas! si la voyant tu pouuois soûpirer.

APPARENCE

Helas ! si la voyant tu pouuois soûpirer,
Que ne deurois-ie point à ton ame attendrie ?
Que pourrois-ie en viuant dauantage esperer,
Quand tu m'aurois toûjours cherie ?
Mais ne nous flattons plus d'inutiles desirs,
Quand nos corps ne sont plus qu'vn amas de poussiere,
Ils ne reprennent plus leur figure premiere.
Et l'on perd à la fois en perdant la lumiere
Et l'vsage des maux, & celuy des plaisirs.

Mais ie le voy, l'autheur des peines que i'endure ; *Dom Sanche & Cardille entrent.*
Esloignons vn objet de si mauuais augure. *Elle sort.*

SCENE II.
DOM SANCHE, CARDILLE.

D. SANCHE.

Elle s'enfuit ainsi, parce qu'elle m'a vû.

CARDILLE.

Grand signe des attraits dont vous estes pourvû.

LA FAVSSE

D. SANCHE.
Sa haine, ou son amour ne me tourmentent
 guere,
Ie n'en dis pas ainsi, quand Flore est en colere.
Pour te dire le vray, i'ay peur de son abord;
Mais me demande-t'elle?

CARDILLE.
Oüy, Seigneur, & bien fort.

D. SANCHE.
Marine te l'a dit?

CARDILLE.
Elle-mesme, où ie meure.

D. SANCHE.
Que ie vinsse voir Flore?

CARDILLE.
Oüy Flore, & tout à l'heure.

D. SANCHE.
Sans redouter son Frere?

CARDILLE.
Oüy sans le redouter.

D. SANCHE.
Ha, tay toy!

CARDILLE.
Ie me tay.

D. SANCHE. *A part.*
Qui l'y peut inciter?

CARDILLE.
Ie ne sçay.

D. SANCHE.
Toy toy, dis-ie, il n'est pas temps de rire.

CARDILLE.
Pleurons donc.

D. SANCHE.
Tay toy donc, te le faut-il tant dire?

APPARENCE. 77
Mais me faire passer de son appartement *A part.*
Dans celuy de son Frere?
CARDILLE.
Elle est sans iugement;
C'est vne....
D. SANCHE.
Oses-tu bien m'en parler de la sorte?
Est-ce colere, amour, vengeance?
CARDILLE.
Et que m'importe?
D. SANCHE.
Mais elle vient à moy.

SCENE III.

FLORE, DOM SANCHE.

FLORE.

Vous estes estonné,
Du lieu du rendez-vous que ie vous ay donné,
Et choisir pour vous voir la chambre de mon
  Frere,
C'est vous donner soupçon de quelque grand
  mystere:
Vous y voir sans tesmoins, vous trouble égale-
  ment;
Mais i'attens compagnie en mon appartement,
Où vous ne deuez pas estre veu de personne.

D iij

D. SANCHE.

Vous ne vous trompez point, ce procedé m'é-
tonne :
Enfin ie suis venu sur vostre bonne foy.

FLORE.

Vous y pouuiez venir : quoy que mal auec moy.
Alors que vous aimiez, ou feigniez d'aimer
 Flore,
Et que dans son esprit vous estiez bien encore,
Son abord quelquefois vous fut à redouter ;
Mais vous ne deuez plus vous en inquieter.
Quand on cesse d'aimer, on en est plus ciuile ;
Au défaut de l'amour ie veux vous estre vtile,
Et par quelque bien-fait, ie me veux retenir
Quelque petite place en vostre souuenir.
La belle Leonore vne adorable fille,
Des meilleures maisons de toute la Castille,
Est aujourd'huy sans bien, sans honneur, sans
 Espoux,
Sans Païs, sans Parent, & tout cela pour vous.
Vous deuez l'espouser.

D. SANCHE.
                    Moy l'espouser, Madame !
Ha ! ce n'est pas de vous que ie veux vne femme,
Ie n'en auray iamais, ou bien vous la serez.

FLORE.

Quant à vous espouser, vous m'en dispenserez.

D. CARLOS. *A part, entr'ouurant*
                la porte où il est caché.

Flore aimoit mon Riual, & i'allois aimer Flore :
Mais ie veux escouter ce qu'ils diront encore.

FLORE.

Dom Sanche, vous réuez, & paroissez confus,

APPARENCE.
D. SANCHE
Il est vray ie le suis, si iamais ie ...us :
Me mander, & par là flatter mon esperance,
Me dire qu'on me hait contre toute apparence ;
Me parler d'vn hymen sous ombre de bonté,
Mais vn hymen honteux autant que detesté,
Et m'oster tout d'vn temps l'esperance donnée,
De viure auecque vous sous vn saint hymenée,
Qui ne ressentiroit les diuers mouuemens,
Qu'excitent les dédains dans les cœurs des Armans ?
Qui ne s'affligeroit de vous voir si changée,
Vous par tant de sermens à m'aimer engagée ?
Qui ne seroit resueur, qui ne seroit confus ;
Ou qui ne seroit pas quelque chose de plus ?
FLORE.
Vous tairez-vous Dom Sanche, & voulez-vous m'entendre ?
D. SANCHE.
Tenez donc des discours que ie puisse comprendre.
FLORE.
Il faut vous contenter, Dom Sanche ! vous pensez
Que ie ne songe plus à vos crimes passez :
Vous vous trompez Dom Sanche, vne fois offensée,
La memoire à iamais en reste à ma pensée.
Leonore vous aime, & vous l'aimez aussi ;
Elle a tout fait pour vous, & son Pere est icy,
Songez combien de sang vous perdistes pour elle,
Les tourmens endurez dans les fers de la belle ;
Faites seruir Dom Sanche à vostre vtilité,
Et la perte du sang, & de la liberté.
A moins que d'espouser cette charmante fille,

LA FAVSSE

Craignez l'inimitié de plus d'vne famille;
Mille fiers ennemis vous fuiuront en tous lieux;
Et vous estes perdu: Puis-je m'expliquer mieux?

D. SANCHE.

Trop bien pour mon repos, belle, & cruelle Flore,
Trop bien pour me laisser quelque esperance encore.
Ie pourrois comme Amant vous déguiser mon cœur;
Mais ie veux vous respondre en Caualier d'honneur,
I'aimay donc Leonore, & mon ame inconstante
Se prit aux doux attraits de sa beauté naissante;
Ie tâchay de gagner son inclination,
Et me trouuay l'objet de son auersion.
La resistance picque, & la croyant cruelle,
Par la seule raison de ce qu'elle estoit belle,
Et cette raison là me la faisant aimer,
Son seuere dédain ne fit que m'enflâmer,
Enfin, ie découuris que cette beauté fiere,
Pour vn autre que moy ne se ménageoit guiere;
Qu'vn bien-heureux Riual qu'elle fauorisoit,
Estoit riche des biens qu'elle me refusoit;
Et qu'à ce Caualier elle s'estoit donnée
Sous l'incertaine foy d'vn futur hymenée.
Ie la surpris enfin auec son cher Amant ....!

FLORE.

Ie sçay de vos amours le triste éuenement;
Mais ingrat, puis qu'il faut qu'on vous le die encore,
Sous ombre de me voir, vous vistes Leonore,
Vous l'auez dit vous mesme.

D. SANCHE.

Il est vray ie le dis.

APPARENCE.

Pour cacher noſtre amour aux faſcheux Dom
   Loüis.
Il a pû voir l'horreur que me fit ſa preſence,
Outre que i'ignorois qu'elle fuſt a Valence.
Mais deuez vous m'offrir vn ſemblable party?
L'honneur auec la honte eſt-t'il bien aſſorty?
Et quand i'y trouuerois vn notable auantage,
Prendrois-je pour ma femme, vne fille peu ſage,
Qui ſuit depuis Madrid vn Amant iuſqu'icy,
Et peut-eſtre vn Amant qui n'en veut plus auſſi?

D. CARLOS. *D'où il eſt caché.*

I'ay donc crû fauſſement Leonore coupable :
Helas! que ie le ſuis, & qu'elle eſt adorable!

FLORE.

Enfin, il faut finir qu'auez-vous reſolu?

D. SANCHE.

Quand vous l'ordonneriez d'vn pouuoir abſolu,
Vous ſeule Deïté qu'icy bas ie reſpecte,
De n'eſpouſer iamais vne femme ſuſpecte.

FLORE.

Que d'eſtranges mal-heurs vous eſtes menaſſé!

D. SANCHE.

Si vous ne m'aimez plus, le plus grand eſt paſſé.

FLORE.

Ne ſuiuez plus vn bien qui ne ſe peut atteindre,
Songez aux ennemis que vous auez à craindre.

D. SANCHE.

Et qui ſont-ils, grand Dieu! ces mortels ennemis?

FLORE.

Elle, moy, Dom Carlos, Dom Pedre, Dom Loüis.

D. SANCHE.

De tous ces ennemis ſi grands, ſi redoutables,
Qui peuuent me ietter dans des maux effroyables,

LA FAVSSE

Ie méprise la haine, & ne crains rien que vous,
Soyez seule pour moy, ie suffis contre eux tous.

SCENE IV.
CARDILLE, DOM SANCHE, FLORE.

CARDILLE.

CE Frere ingenieux à surprendre le monde,
En qui de l'Vniuers toute la bile abonde,
Vient auec Dom Pedre qui luy sert de recors:
C'est à vous à songer au salut de nos Corps.

FLORE.
Le peril n'est pas grand du costé de mon frere;
Mais ie ne répons pas de la fureur d'vn Pere.

D. SANCHE.
Il me trouue toûjours. Dom Loüis ?

CARDILLE.
Ha pour luy,
C'est le plus ponctuel des freres d'auiourd'huy,
Et de plus cachez vous mille fois, que ie meure,
S'il ne vous va trouuer mille fois en vne heure.

FLORE.
Par bon-heur cette Chambre est ouuerte; entrez-y,
Et sans perdre de temps : Mais qui la ferme ainsi ? *On ferme la porte à Dom Sanche, comme il est prest d'entrer.*

APPARENCE.
D. SANCHE.
Vn homme que i'ay vû: vous le sçauiez Madame,
Et ie voy bien pourquoy vous m'offriez vne Femme;
Ie voy d'où sont venus vos charitables soins,
Et pourquoy vous vouliez me parler sans témoins.
FLORE.
Que dites-vous, Dom Sanche?
D. SANCHE.
O Fille trop legere!
Fausse en vostre douceur, fausse en vostre colere.
Pour authoriser donc vostre infidelité,
Vous vouliez m'inspirer la mesme lâcheté:
C'est donc pour vn dessein de grande importance
Que vous me combattiez auec tant d'éloquence,
Mais m'ayant tant aimé, me deuiez vous haïr,
Ou pour m'auoir haï, m'auez vous dû trahir?
FLORE.
M'osez-vous condamner, auant que de m'entendre?
D. SANCHE.
Conuaincuë, osez-vous encore vous deffendre?
Il luy faut repeter les discours specieux,
Dont elle m'appuyoit ses conseils odieux.
Ne suiuez plus vn bien qui ne se peut atteindre,
Songez aux Ennemis que vous auez à craindre.
Il est vray que iamais vne infidelité,
N'appuya ses raisons sur plus de verité.
Vous m'estes à la fois ce bien inaccessible,
Et de mes Ennemis, l'ennemy plus terrible,
Et comme vn ennemy qu'el'on veut préuenir,
Pour me tuër sans doute on m'aura fait mourir:
Mais deuant que ma mort vuide nostre querelle,

LA FAVSSE

Ie iugeray du choix de voſtre ame infidelle;
Ie verray ce gallant.
FLORE.
Si ie ſçay quel il eſt,
Si vous pouuez prouuer que i'y prenne intereſt.
D. SANCHE.
Puiſque vous ignorez quel homme ce peut eſtre,
I'eſpere en peu de temps vous le faire connoiſtre.

SCENE V.

LEONORE, D. SANCHE, FLORE.

LEONORE

Qvels cris ay-je entendus ? horreur de mes
   regards!
Te verra-t'on toûjours me ſuiure en toutes parts?
Pour la troiſiéme fois me viens tu nuire encore?
D. SANCHE.
Autre ennemy cruel, qui ſe vient ioindre à Flore,
Mais, Ingratte! aſſemblez tous ces fiers ennemis,
Dom Pedre, Leonore, Dom Carlos, Dom Louis,
Quand toute leur valeur par vos pleurs animée,
M'empeſcheroit d'ouurir cette porte fermée,
Malgré ces ennemis contre moy coniurez,
Ie verray cét Amant que vous me preferez.
FLORE.
Dom Sanche regardez ce que vous allez faire.

APPARENCE.
D. SANCHE.
Il n'est plus question de plaire, ou de déplaire,
D'estre dans le respect, d'estre dans son deuoir,
Qu'a-t'on à mesnager, quand on n'a plus d'espoir?
FLORE.
Ie n'oublieray iamais vos paroles hardies.
D. SANCHE.
Ie n'oublieray iamais vos noires perfidies.
FLORE.
He bien! il le faut voir, & ie l'ay resolu
Celuy que vous auez ou croyez auoir vû;
Mais pour vostre mal-heur, si ie suis innocente,
Ny les soumissions d'vne ame repentante,
Ny tout ce qui fait croire vne immuable foy,
Ne vous pourroit iamais remettre auecque moy,
Vous vous repentirez de m'auoir soupçonnée.
D. SANCHE.
Ie me rendrois plustost au honteux hymenée;
Qui iusques à ma mort me seroit reproché,
Qu'à ne connoistre pas cét Amant mal caché.
FLORE.
Pourquoy donc insolent n'enfoncez-vous la porte?
LEONORE.
Helas, c'est Dom Carlos!
FLORE.
        Qui que ce soit, qu'il sorte
D. SANCHE.
Se fera-t'il forcer cét homme sans valeur; *Il veut rompre la porte.*
Qui s'entend défier, & se cache en voleur?

LA FAVSSE

SCENE VI.

DOM CARLOS, D. SANCHE.

D. CARLOS.

IE ne me cache plus.
D. SANCHE.
Ha, c'est donc toy!
D. CARLOS.
Moy-mesme;
D. SANCHE.
Toûjours Riual, toûjours aimant tout ce que j'aime?
D. CARLOS.
Toûjours prest à finir ta vie, & tes amours.
D. SANCHE.
Ostons donc cét obstacle au bon-heur de nos jours.
Deffens toy Dom Carlos.

SCENE VII.

DOM PEDRE, DOM LOVIS, D. CARLOS, D. SANCHE.

D. PEDRE.

Qv'apperçois-je ? qu'entens-je ?
Et le Ciel permet-il enfin que ie me venge ?
He vois-je pas Dom Sanche, & n'a-t'il pas nom-
   mé,
Dom Carlos ?

D. LOVIS. *A part.*
He bon Dieu ! que n'est-il enfermé ?

D. PEDRE.
Parle, es-tu Dom Carlos, l'obiet de ma colere ?

D. CARLOS.
Oüy, ie suis Dom Carlos, prest à te satisfaire,
Si tu veux m'escouter ?

D. PEDRE.
Ha, ie n'escoute pas,
Des satisfactions que i'attends de mon bras.
Dom Sanche, Dom Carlos, venez cruels ensemble,
Que le commun peril contre moy vous assemble,
Puis qu'vn crime commun qui blesse mon hon-
   neur,
Merite également d'éprouuer ma fureur.

D. LOVIS.
Dom Pedre, suspendez vostre colere encore,

LA FAVSSE

Vous serez satisfait, Dom Sanche, as-tu veu Flore?

D. SANCHE.

Et trop veuë.

D. LOVIS.

Et dis-moy, t'a t'elle proposé
Le moyen le plus seur comme le plus aisé,
De contenter Dom Pedre, & d'appaiser ta flâme?

D. SANCHE.

Dis plustost, le moyen de me rendre vn infâme.
C'est bien moy qui prendray les restes d'vn Riual;
Leonore, ou la mort m'est vn mal-heur égal.

D. LOVIS.

Dom Pedre vengeons donc nostre offense commune,

D. CARLOS. *Se mettant à costé de Dom Sanche.*

Areste Dom Loüis: i'ay part en sa fortune.

D. LOVIS.

Vous prenez son party?

D. CARLOS.

Ie le prens & le doy.

D. PEDRE.

Nous sommes deux à deux.

D. CARLOS.

Dom Pedre escoute moy.
Quand indigne du nom des Auteurs de mon estre
Par cent noirs attentats d'vn scelerat, d'vn traistre,
I'aurois noircy ma vie, & ton honneur blessé,
Si contre mon dessein ie t'auois offencé;
Si mon intention n'estoit pas criminelle,
La tienne passeroit pour iniuste & cruelle,
Et quand on te verroit à ma perte animé,
Ie serois plaint peut-estre, & tu serois blasmé,
La seule intention augmente ou diminuë

L'action

APPARENCE.

L'action la plus noire, ou la plus ingenuë :
Suspens donc ta colere, & d'vn esprit plus sain,
Voy si de t'offencer i'eus iamais le dessein.
Ie vis ta Leonore, & cette fille aimable,
En beauté sans pareille, en esprit adorable,
Dés-le mesme moment, du moins le mesme iour,
Que ie brustay pour elle, eut pour moy de l'a-
 mour.
Quand entre deux Amans l'amour est partagée,
Elle n'est pas long-temps sans estre soulagée.
Mais ce n'est pas assez dans l'Empire amoureux,
D'aimer, & d'estre aimé pour estre bien heureux.
On voit de mille Amans les esperances vaines
Flatter iusqu'à la mort leur mutuelles peines,
Et l'on voit mille Amans se croyans prés du port,
Y trouuer la tempeste, & maudire leur sort
Dans le temps que ta fille en son amour fidelle
Me croyoit plus donner des marques de son zele
Mes yeux furent trompez d'vne jalouse erreur.
Autant que ie l'aimois, elle me fit horreur.
Mais pour ne l'aimer plus, pour la croire infidelle
Ie ne m'offris pas moins à tout faire pour elle :
Ie la mis à couuert de ton iuste courroux,
Et ie voulois aussi luy trouuer vn Espoux ;
Ainsi tu m'eusses dû l'honneur de Leonore.
Voy par là si ta haine est legitime encore,
Et songe que mon sang peut sur toy réjallir :
L'amour peut m'excuser comme il ma fait faillir.
Calme donc les transports d'vne iniuste colere;
Prens pitié de ta fille, & luy rends vn bon Pere.
D. PEDRE.
Puis qu'elle est sans honneur elle ne m'est plus
 rien.   D. CARLOS.
Si ie suis son Espoux, mon honneur est le sien.

E

LA FAVSSE

D. PEDRE.
Vous me rendez l'honneur le repos, & la ioye.
D. LOVIS.
Mais de tous vos soupçons que voulez-vous qu'on croye?
D. CARLOS.
Que i'aime Leonore, & que de mon erreur
Son innocence enfin triomphe dans mon cœur.
LEONORE.
Il est donc vray Carlos, qu'enfin ma patience,
Bannit de ton esprit l'iniuste défiance?
Tu ne doutes donc plus, que ie ne t'aye aimé
Tout ce que peut aimer vn cœur bien enflâmé :
Tu m'aimes maintenant à cause que ie t'aime,
Est-il quelque autre Amant qui ne m'aimast de mesme?
Alors que ton esprit cessant de m'estimer,
Ta raison t'ordonna de ne me plus aimer,
N'estoit-ce pas assez pour chastier mon crime,
Que n'auoir plus pour moy ny d'amour ny d'estime?
Mais, Carlos, tu ioignis l'outrage au chastiment,
Et tu fus inhumain dans ton ressentiment,
Le moins heureux captif dans les plus rudes chaines,
Souffre moins qu'en tes fers ie n'ay souffert de peines.
Tu m'as veuë à tes pieds mille fois fondre en pleurs,
Ie t'ay veu d'vn œil sec regarder mes douleurs :
Mais tout cela n'estoit que de legers supplices,
Tu m'affligeas aussi par d'importuns seruices.
Oüy ta fiere rigueur en son plus grand excés,
Ne m'affligea pas tant que firent tes bien-faits.

APPARENCE.

Cependant cette fille ingrate, & criminelle,
N'estoit que mal-heureuse, & fut toûjours fidelle,
Et cel   qu'elle aima d'vn amour eternel,
La condamna tousiours, & fut seul criminel.
Nos sens sont trop enclins à croire l'imposture,
Pour n'auoir plus à craindre vne telle auenture,
Tu crois trop tost le mal sans l'auoir aueré
Pour viure auecque toy, dans vn calme asseuré.
Mais quoy qu'auecque toy i'aye beaucoup à crain-
   dre,
Ie ne te puis haïr; moins encore le feindre,
Vainement ma raison m'exhorte à t'oublier:
Mon cœur n'y consent pas, ie ne le puis nier.

D. CARLOS.
Ha que vous vous vengez d'vne façon cruelle,
Qu'on se venge aisément alors que l'on est belle,
Et que vostre bonté me donne de remors,
Me cause de tourmens, pires que mille morts!

DOM PEDRE.
Il n'est plus question de plaintes amoureuses;
Mais bien de donner ordre à vos nopces heu-
   reuses,
De rendre grace au Ciel qui finit nos mal-heurs,
Et qui fait succeder l'allegresse aux douleurs.

D. LOVIS.
Il ne plaist pas au Ciel que i'en dise de mesme;
Mais ie veux que Dom Sanche.

D. CARLOS.
                A vostre sœur qu'il aime,
Donne sans differer la coniugale foy,
Et que ce couple imite, & Leonore & moy.
Approuuez-donc l'hymen de Dom Sanche & de
   Flore.   D. LOVIS.
I'approuue, & ie souhaitte vn party qui l'honore.

E ij

LA FAVSSE

D. CARLOS.   (Louis:
Dom Sanche, approchez-vous du Seigneur Dom
Deuenez tout d'vn temps freres, & bons amis,
Combattons à l'enuy d'amitiez mutuelles,
Et que le souuenir de toutes nos querelles
Nous serue à l'auenir de diuertissement,
Et pardonnez Amy, ce que ie fis Amant.

D. SANCHE.
Vous reparez trop bien les sanglantes blesseures.

D. CARLOS.
He de grace, oublions ces tristes auantures.

LEONORE.
Soyez au moins d'accord, vous & vostre Riual,
Qu'vne fausse apparence est vn dangereux mal.

CARDILLE. *Se battant tout seul*
Ie pare, & tout d'vn temps faisant feinte à la veuë,
Ie l'asche le pied droit, & donne vne venuë.

MARINE.
Et contre qui, grand fou, te sers tu de ton bras?

CARDILLE.
Et grand-folle, d'y moy, ne nous battons nous pas?

MARINE.   (battre,
Non grand fou, mais ma foy l'on te deuroit bien

CARDILLE.
Lors que i'ay dégainé, ie fay le diable à quatre,
Ces Riuaux m'ont rendu de si mauuaise humeur,
Qu'il faut absolument que ie fasse rumeur,
Si nous n'allôs tous deux conionts par l'hymenée
Grossir de ces Amans la troupe fortunée.

MARINE.
Ma foy, cher Cardillon, si nous estions coniointz,
Tu maudirois souuent mes ongles, & mes poings.

*Fin de la Comedie de la Fausse
Apparence.*

www.ingramcontent.com/pod-product-compliance
Lightning Source LLC
LaVergne TN
LVHW050645090426
835512LV00007B/1047